GENUSS.REISE.ÖSTERREICH

44 TOP-KÖCHE VERRATEN IHRE LIEBLINGSREZEPTE AUS 44 GENUSS REGIONEN

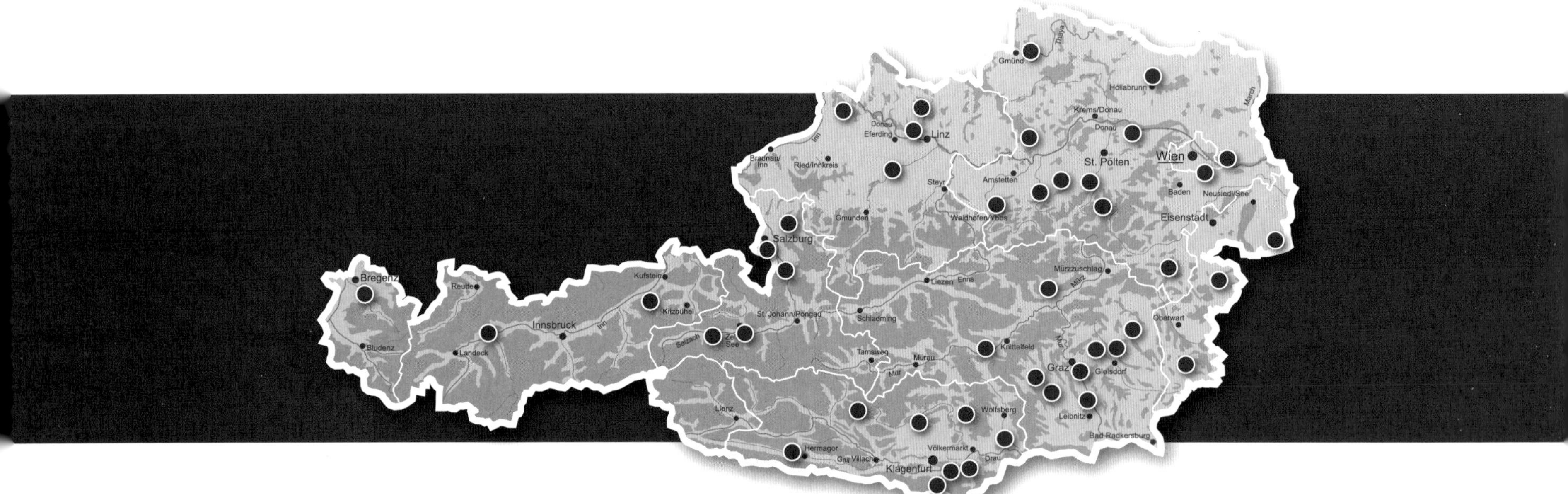

Bregenz
Bludenz
Reutte
Landeck
Innsbruck
Inn
Kufstein
Kitzbühel
Salzach
Zell
See
St. Johann/Pongau
Salzburg
Braunau/
Inn
Ried/Innkreis
Donau
Eferding
Linz
Steyr
Gmunden
Liezen
Enns
Schladming
Tamsweg
Murau
Mur
Lienz
Hermagor
Gail
Villach
Klagenfurt
Völkermarkt
Drau
Wolfsberg
Knittelfeld
Graz
Gleisdorf
Leibnitz
Bad Radkersburg
Mürzzuschlag
Mürz
Oberwart
Eisenstadt
Neusiedl/See
Baden
Wien
St. Pölten
Amstetten
Waidhofen/Ybbs
Krems/Donau
Hollabrunn
Gmünd
Thaya
March

GENUSS.REISE.ÖSTERREICH

44 TOP-KÖCHE VERRATEN IHRE LIEBLINGSREZEPTE AUS 44 GENUSS REGIONEN

Foto: Rita Newman

Eine kulinarische Genussreise durch Österreichs Regionen

113 Regionen sind aufgrund ihrer Landwirtschaft und ihrer kulinarischen Angebote bereits Mitglieder der unverwechselbaren Marke GENUSS REGION ÖSTERREICH und prägen so die heimische GenussLandkarte. Mir geht es darum, das Bewusstsein zu stärken, dass Kulturlandschaft und die darin produzierten qualitativ hochwertigen Lebensmittel eine Einheit bilden und den Regionen ihren Charakter geben.
Gleichzeitig sollen die Leistungen unserer Bäuerinnen und Bauern, der verarbeitenden Betriebe und der Gastronomie in den Regionen für die Konsumentinnen und Konsumenten sichtbar gemacht werden. Durch die intensive Kooperation von Landwirtschaft, Gastronomie, Gewerbe, Tourismus und Handel werden die regionale Wertschöpfung und die Attraktivität des ländlichen Raumes gesteigert.

Die Gastronomie ist einer der stärksten Partner der GENUSS REGION ÖSTERREICH. Sie folgt dem Trend zu mehr Regionalität und leistet somit einen wesentlichen Beitrag für attraktive und zukunftsorientierte Regionen. Unsere heimischen Top-Köchinnen und Köche wissen: Besondere kulinarische Erlebnisse gelingen nur mit Produkten erstklassiger Qualität. Sie leben somit täglich die Philosophie der Regionalität, der Saisonalität und der sprichwörtlichen österreichischen Gastfreundschaft und präsentieren dabei traditionelle heimische Kost aus der GENUSS REGION ÖSTERREICH in zeitgemäßem Gewand.

DI Niki Berlakovich,
Landwirtschaftsminister

Foto: Helmut Lunghammer

Überragender Genuss hat viele Seiten!

Von lieblich bis herb, von zart bis kernig und von süß bis salzig – die GENUSS REGION ÖSTERREICH steht für die Vielfalt der einzigartigen Naturlandschaft dieses Landes. Von den schroffen Alpen im Westen bis hin zu den sanften Hügeln im Süden: Österreich gilt als die kulinarische Schatzkammer Europas und die Produkte der Genuss Regionen zählen zu den wertvollsten Kostbarkeiten.

Um Ihnen all diese genussvollen Seiten Österreichs zu präsentieren, haben wir die einzigartigen Spezialitäten in die Hände der besten Köche Österreichs gelegt. Von Vorarlberg bis ins Burgenland, von Kärnten bis nach Niederösterreich verraten 44 Top-Stars der Küche ihre persönlichen Lieblingsrezepte, mit denen sie die einzigartigen Qualitätsprodukte der GENUSS REGION ÖSTERREICH raffiniert und kreativ auf die Teller bringen.

GENUSS.REISE.ÖSTERREICH ist ein Wegweiser durch das kulinarische Österreich für all jene, die gerne kochen, die gerne essen und deren Herz für die regionale Küche schlägt.

Ich verspreche Ihnen unvergessliche Stunden beim Nachkochen, Genießen und Lesen.

Margareta Reichsthaler,
Obfrau Verein GENUSS REGION ÖSTERREICH

Foto: Werner Krug

Essenszeit ist Lebenszeit

Es macht mich froh, mitzuerleben, wie wir konsequent und erfolgreich an Österreich als kulinarische Schatzkammer Europas arbeiten.

Ich bin sehr viel in der internationalen Genusslandschaft unterwegs, berufsbedingt und auch aus persönlichem Interesse, und ich weiß, dass es kaum ein Land wie das unsere gibt, in dem die Verfügbarkeit von qualitativ hochwertigen Lebensmitteln so lückenlos ist. Selbst in Frankreich, dem kulinarischen Mekka, auf das wir so oft neidvoll unsere interessierten Blicke richten, ist es anders. Hier finden Sie die feinsten Leckereien, die tollsten Luxusprodukte und alles, was die Topgastronomie begehrt. Aber in der flächendeckenden Versorgung von 1a-Produkten sind wir in Österreich um einiges voraus.

Sie finden bei uns heimische Topqualität, ohne lange zu suchen. Abgesehen von den vielen Direktvermarktern und den vielen Märkten sind die österreichischen Genuss Regionen schon im Lebensmittelhandel gut vertreten. Darauf können wir wirklich sehr stolz sein und wir werden alles daransetzen, das Angebot auch in Zukunft zu erweitern und auszubauen.

Es lohnt sich – denn Essenszeit ist Lebenszeit!

Toni Mörwald,
BÖG-Präsident

Genuss-Landkarte

ALLE 44 GENUSS REGIONEN AUF EINEN BLICK

Unterschiedlicher könnten sie kaum sein, **genussvoller** auch nicht: Die Genuss Regionen vom Bregenzerwälder Alp- und Bergkäse aus Vorarlberg bis hin zum Zickentaler Moorochsen im Burgenland.

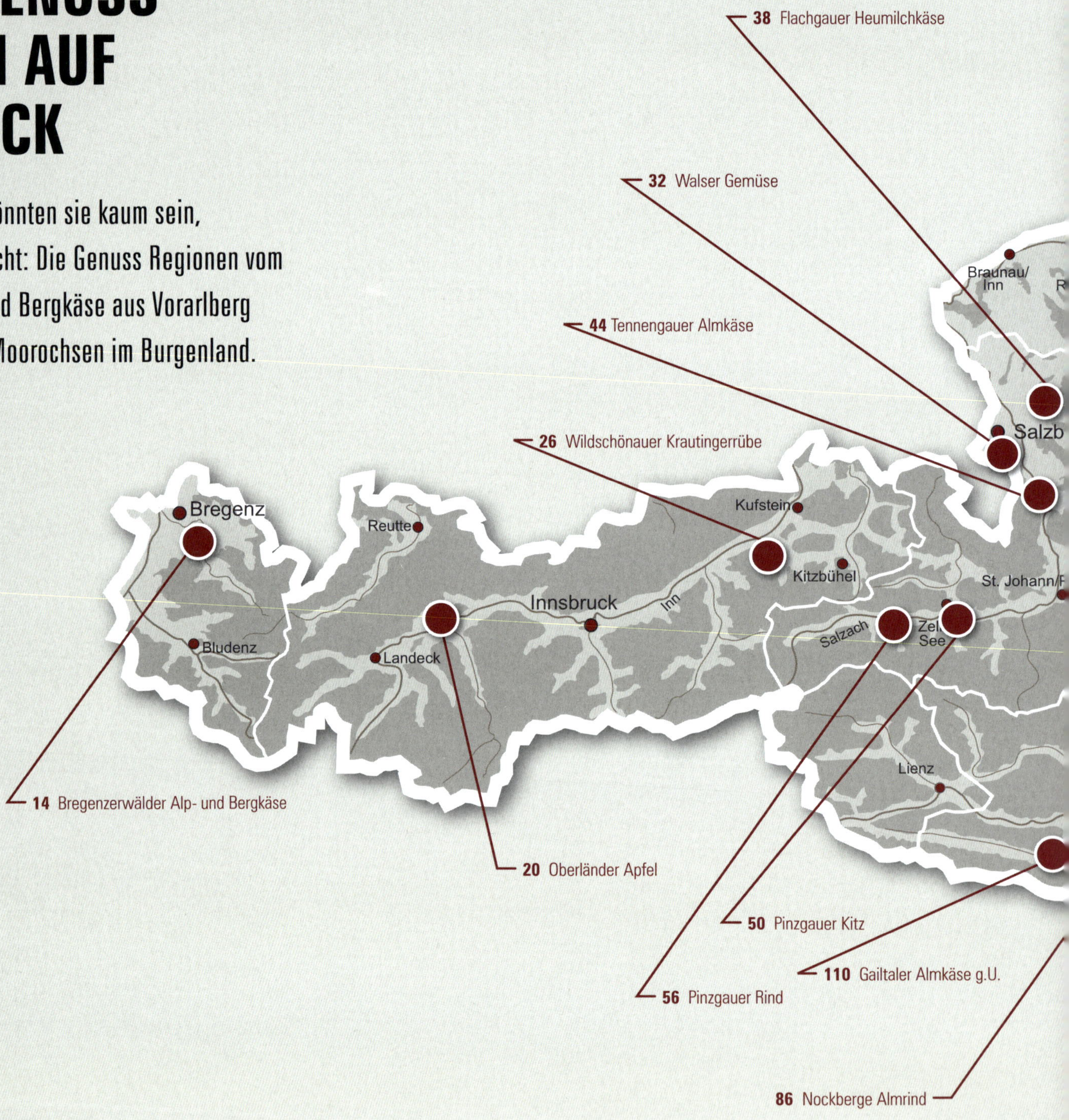

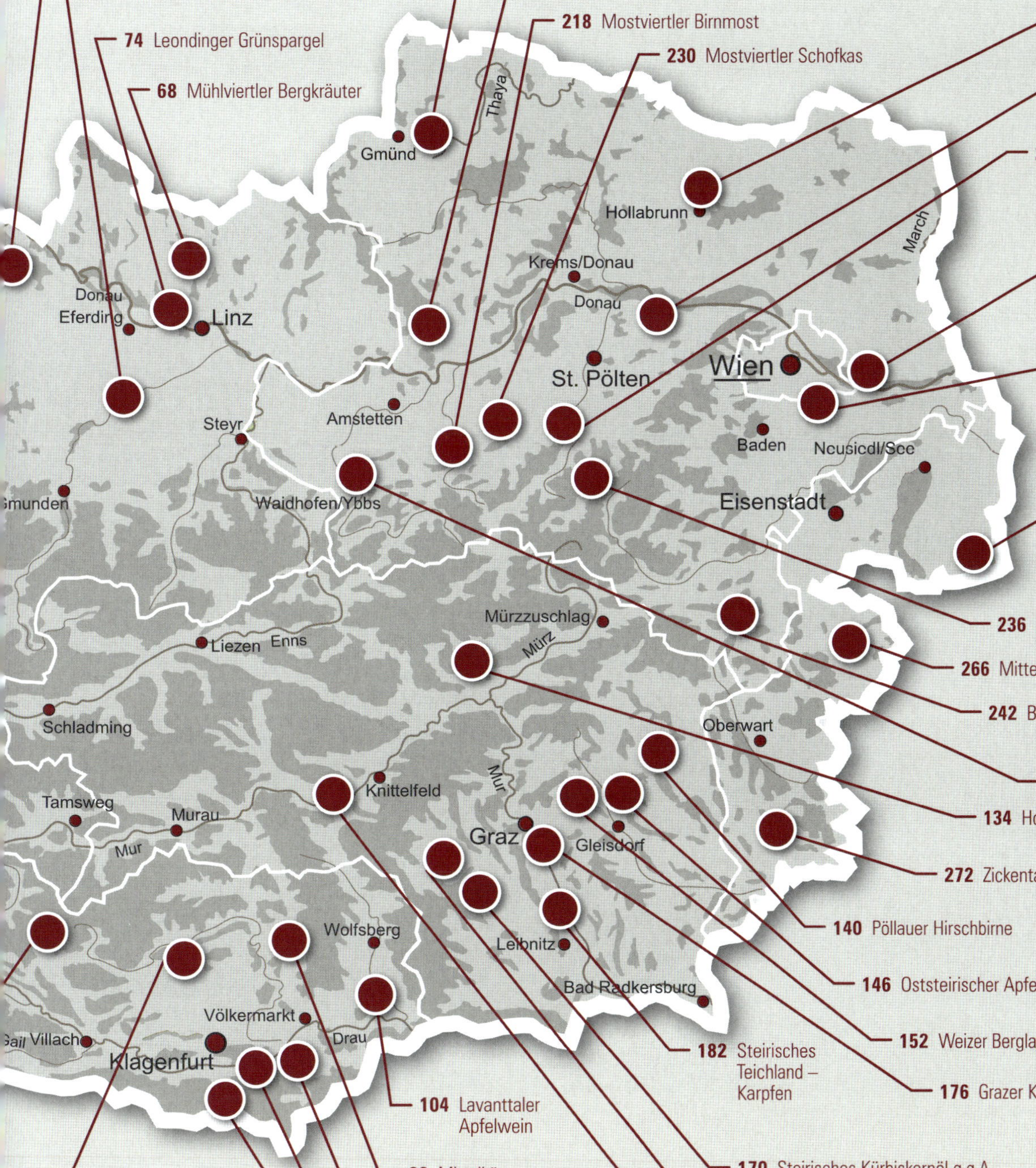
Gmünd
Thaya
Hollabrunn
March
Krems/Donau
Donau
Donau
Eferding
Linz
St. Pölten
Wien
Steyr
Amstetten
Baden
Neusiedl/See
Gmunden
Waidhofen/Ybbs
Eisenstadt
Mürzzuschlag
Mürz
Liezen
Enns
Schladming
Oberwart
Mur
Knittelfeld
Tamsweg
Murau
Mur
Graz
Gleisdorf
Wolfsberg
Leibnitz
Bad Radkersburg
Völkermarkt
Drau
Villach
Klagenfurt

Genuss-Köche

ALLE 44 TOP-KÖCHE AUF EINEN BLICK

KÄRNTEN

STEIERMARK

NIEDERÖSTERREICH

WIEN

BURGENLAND

WEISSES GOLD UND KOSTBARE RARITÄT

Bregenzerwälder Alp- und Bergkäse sind kulinarische Geschwister: Sie sind sich ähnlich, aber der unterschiedliche Geschmack steckt im Detail. Und der reicht von würzig bis mild.

Die Einwanderer aus dem Appenzell waren es, die den Leuten aus dem Bregenzerwald die Kunst des Fettsennens zeigten. Das war sogleich die Geburtsstunde einer österreichischen Genusssensation: dem Bregenzerwälder Alp- und Bergkäse, dem weißen Gold der Region. Heute wird der Bregenzerwälder Bergkäse in 17 Talsennereien gewonnen. Den Bregenzerwälder Alpkäse hingegen schöpfen 90 Alpsennereien des Bregenzerwaldes ausschließlich im Sommer auf den Alpen, und zwar in reiner Handarbeit – ein köstliches Vergnügen, dem man auch beiwohnen kann. Die Gräser und Kräuter der verschiedenen Alpen formen die geschmacklichen Nuancen der Alpkäse, jeder für sich ein Unikat. Bis zu zwei Jahren reifen die Laibe, bevor die etwa 60 Zentimeter großen Goldreserven des Bregenzerwaldes angeschnitten werden. Von mild bis würzig, mit nussigem oder an Mandeln erinnernden Geschmack reicht dann die geschmackliche Palette.

www.genuss-region.at/bregenzerwaelder-alp-und-bergkaese

DER HERR ÜBER SCHLOSS UND GENUSS

Gourmethotel Deuring Schlössle
Ehre-Guta-Platz 4
A-6900 Bregenz
Tel.: +43 (0) 55 74/478 00
E-Mail: rezeption@deuring-schloessle.at
www.deuring-schloessle.at

Den besten Blick über den Bodensee hat man von den Burgzinnen des **Gourmethotels Deuring Schlössle**. Wie denn dieser schmeckt, das erfährt man durch **Heino Hubers** außergewöhnliche Bodensee-Küche.

Schlagartig befindet man sich um einige Jahrhunderte zurückversetzt und ist versucht, den Schlossherrn Heino Huber mit einem Hofknicks zu begrüßen. Denn in dem charmanten Deuring Schlössle hat die Hektik des 21. Jahrhunderts nichts verloren. Gepflegte Speisezimmer mit kleinen Balkonen, der elegante Rittersaal mit romantischem offenen Kamin, wertvollen Teppichen, Fachwerk und Waffen aus längst vergangener Zeit, das Gobelinzimmer oder das elegante Turmzimmer bilden den passenden Rahmen für den fürstlichen Genuss der kulinarischen Künste von Heino Huber. Doch so wildromantisch das Ambiente des Deuring Schlössle, so geradlinig und durchdacht ist seine Küche. Durchkomponierte Menüs, logisch aufgebaut und perfektioniert bis ins kleinste Detail, zeichnen den mehrfach dekorierten Herdkünstler aus. Da will man sich doch gleich wieder mit einem Handkuss bedanken.

Spinat-Topfen-Nockerl

mit Bregenzerwälder Alp- und Bergkäse

Spinat-Topfen-Nockerl
150 g Blattspinat
2 Eier
250 g Topfen
1 EL Mehl
70 g Brengenzerwälder Alp- und Bergkäse, gerieben
2 Suppentassen Weißbrot, gekuttert
Salz, Pfeffer, Muskat
Garnitur
120 g Blattspinat
Brengenzerwälder Alp- und Bergkäse, gehobelt
Butter
Pfeffer, Salz, Muskat

Spinat-Topfen-Nockerl: Den Blattspinat blanchieren und ausdrücken, mit dem Topfen, dem Weißbrot und dem geriebenen Käse durch die feine Scheibe des Wolfs passieren und mit den Eiern, den Gewürzen und dem Mehl kurz durchrühren. Probenocke in leicht gesalzenes Wasser geben und pochieren. Sollte die Masse zu weich sein, noch ein wenig Mehl zufügen.

Anrichten: Den Spinat für die Garnitur blanchieren, in Eiswasser abschrecken und in einer Pfanne mit Butter leicht andünsten. Mit Pfeffer, Salz und Muskat würzen und mittig auf dem Teller platzieren. Vier Spinat-Topfen-Nocken auf den Spinat legen und ein wenig Bregenzerwälder Alp- und Bergkäse darüberhobeln. Abschließend mit schaumiger Butter nappieren.

Rezept für 4 Personen

PROFITIPP: Je nachdem, wie das Weißbrot gekuttert ist, die Menge des Mehls adaptieren.

Schwierigkeitsgrad: leicht
Zubereitungszeit: 30 Minuten

DIE VERSUCHUNG KOMMT VON OBEN

610 Meter Seehöhe, originale Hochstammanlagen und das imposante Oberinntal. Alles rund um den **Oberländer Apfel** hat mit Höhe zu tun. Genauso wie der Geschmack: der ist himmlisch.

„Der Apfel fällt nicht weit vom Stamm", so heißt es in der Redewendung. Stimmt, dennoch kommt dieses spezielle, rote, saftige Früchtchen von viel weiter oben, nämlich aus dem Tiroler Oberinntal aus über 610 Metern Seehöhe. Der Anbau des Oberländer Apfels hat dort in über 13 Gemeinden Tradition und Haiming ist das Zentrum des Oberländer Obstanbaus: 60.000 Apfelbäume wachsen hier, teilweise noch in originalen Hochstammanlagen aus den vergangenen Jahrhunderten, bewässert von ausgeklügelten Systemen, die bis ins 16. Jahrhundert zurückgehen. In den prächtigen Apfelgärten, die sich rund um die Höfe, auf steilen Böschungen, Terrassenleisten und Wiesen des Oberinntales finden, reifen die verschiedenen Sorten bei warmen Sonnenstunden und kalten Nächten zu geschmackvollen Prachtfrüchten heran, bis sie zwischen Mitte August und Ende Oktober händisch geerntet werden.

www.genuss-region.at/oberlaender-apfel

DER REBELL DER BERGE

Interalpen-Hotel Tyrol
Dr.-Hans-Liebherr-Alpenstraße 1
A-6410 Telfs-Buchen/Seefeld
Tel.: +43 (0) 508 09-30
E-Mail: reservation@interalpen.com
www.interalpen.com

Lange Haare, als Vorbild wird Easy Rider angegeben und seine Geschmacksgrenze ist nach oben offen. **Christoph Zangerl** aus dem **Interalpen-Hotel Tyrol** kocht ohne Rücksicht auf Verluste – aber immer mit Perfektion und einem Schuss Revolution.

Gelernt hat er bei den Eminenzen des Top-Kochzirkels in Frankreich und Deutschland, doch das kann man mittlerweile nur noch als seine Basis bezeichnen. Denn Christoph Zangerls Küchenstil ist Revolution, ist Rock'n' Roll, ist einfach eine Liga für sich. Kreative Grenzgänge mischen sich da mit regionalen Produkten, werden auf Platten angerichtet und den Aufstand gegen eingefahrene Geschmacksmuster ruft er am Chefs Table aus, für den er im Gourmetführer Gault Millau mit Höchstnoten bewertet ist. Sein Reich ist das Interalpen-Hotel Tyrol, hoch über Telfs gelegen, und er ist dort Herr über drei Küchen sowie eine Brigade mit mehr als 40 Mann. In dem eleganten und luxuriösen Interieur verblüfft er mit seiner Küche bis zu 300 Gäste am Abend und gerne auch prominente Gourmets wie Fußballikone Felix Magat oder Spitzenkoch Alfons Schuhbeck.

Oberländer Apfel

mit Schokolade und Krokant

Schokoladekugel mit Oberländer Apfelmousse

Schokolade, temperiert
40 g Staubzucker
100 g Sauerrahm
100 g Apfelpüree vom Oberländer Apfel
2 Blatt Gelatine
150 g Obers, geschlagen
Mark einer Vanilleschote, Calvados

Schokolade-Krokant-Blätter

Krokantblätter
125 g Kristallzucker
45 g Schokolade
Schablone mit 5 x 5 cm

Oberländer Apfelparfait

1 Ei, 4 Eidotter
30 g Kristallzucker
90 g weiße Schokolade, geschmolzen
100 g Apfelpüree vom Oberländer Apfel
250 g Obers, geschlagen
Vanillemark, Calvados und etwas Saft einer Zitrone

Oberländer Apfelwürfel und Sauce

3 Oberländer Äpfel
300 ml Apfelsaft
30 g Kristallzucker
2 cl Calvados
1 Nelke, ½ Zimtstange, Mark einer Vanilleschote, etwas Abrieb von Orange und Zitrone
Maizena

Schokoladekugel mit Oberländer Apfelmousse: 8 Halbkugeln mit einem Durchmesser von 3 cm mit temperierter Schokolade ausstreichen. Für die Oberländer Apfelmousse den Staubzucker, Sauerrahm und das Apfelpüree mit Vanillemark und dem Calvados vermischen und abschmecken. Die Gelatine auflösen und unter die Apfelmasse rühren. Abschließend den Schlagobers unterheben. Die Apfelmousse in die Halbkugeln füllen, 2 Stunden kalt stellen und zum Finalisieren zusammenfügen.

Schokolade-Krokant-Blätter: Den Zucker karamellisieren und die Schokolade darin auflösen. Die Masse auf ein Backpapier gießen. Den ausgekühlten Krokant fein kuttern und mithilfe der Schablone 12 Quadrate auf ein Backpapier sieben. Im Ofen bei 200 °C für etwa 5 Minuten backen.

Oberländer Apfelparfait: Das Ei, die Eidotter und den Kristallzucker über Wasserdampf schaumig schlagen. Die Schokolade und danach das Apfelpüree einrühren. Mit etwas Vanillemark, Calvados und Zitronensaft abschmecken und abschließend den Obers unterheben und 1 cm hoch auf das Blech gießen. Für etwa 2 Stunden in den Tiefkühlschrank geben. Das Parfait in 8 Stück zu je 4 x 4 cm Größe schneiden.

Apfelwürfel und Sauce: Aus den Äpfeln 12 Würfel schneiden und in Zitronenwasser einlegen, die Apfelstücke mit den restlichen Zutaten einige Minuten lang kochen. Die Gewürze entfernen und mit dem Stabmixer pürieren und durch ein feines Sieb passieren. Die Apfelwürfel in den Fond legen.
Für die Apfelsauce etwas Fond aufkochen und mit Maizena binden.

Anrichten: Die Schokoladekugel mittig auf dem Teller platzieren, rechts davon das Parfait mit den Schokolade-Krokant-Blättern aufstellen. Links drei Apfelwürfel in gleichem Abstand auf den Teller geben. Nun mit Apfelsauce nappieren und wahlweise mit frischen Himbeeren garnieren.

Rezept für 4 Personen

PROFITIPP: Als zusätzliche Garnitur Mikrozucker schmelzen und auf die Apfelwürfel legen.

Schwierigkeitsgrad: schwer
Zubereitungszeit: 3 Stunden

EIN UNIKAT AUS DEN BERGEN

Nicht nur ihre lila-weiße Farbe macht die **Wildschönauer Krautingerrübe** einzigartig. Auch ihr Geschmack lässt sich mit nichts vergleichen. Egal, ob flüssig oder fest.

Eines muss man Kaiserin Maria Theresia lassen: Sie setzte Trends. So wie den der Wildschönauer Krautingerrübe. Denn die Kaiserin war es, die den vier Kirchdörfern Niederau, Oberau, Auffach und Thierbach im Tiroler Unterland das alleinige Recht zuerkannte, aus der lila-weißen Rübe Schnaps zu brennen und so aus einer einfachen Rübe ein Stück österreichischer Geschichte zu machen. Der Krautinger, wie der Schnaps aus der Urlaubsregion Wildschönauer Krautingerrübe genannt wird, schmeckt eigenwillig und erinnert stark an Gemüse. Und so speziell das Aroma, so auch das Herstellungsverfahren: Zweimal im Jahr wird in der Wildschönau die Rübe geerntet und in einer über Jahrhunderte weitergegebenen Tradition in Kesseln, die mit Buchenholz befeuert werden, gebrannt. Doch nicht nur der schmackhafte Krautinger entsteht aus der Wildschönauer Krautinger Rübe, auch Spezialitäten wie Rübenknödel erfreuen den Gaumen.

www.genuss-region.at/wildschoenauer-krautingerruebe

GUTER GESCHMACK LIEGT IN DER FAMILIE

Genießerwirtshaus & Kulinarik Hotel Alpin
A-6215 Achenkirch 35
Tel.: +43 (0) 52 46/68 00
E-Mail: hotel@geniesserwirtshaus-alpin.at
www.geniesserwirtshaus-alpin.at

Wie der Vater so der Sohn – vor allem, wenn es um Genuss geht. Das steht nämlich bei **Armin Gründler** und Sohn **Alexander** aus dem **Genießerwirtshaus & Kulinarik Hotel Alpin** für ihre Gäste im Vordergrund. Ganz nach dem Motto: Essen kann jeder, Genießen ist eine Kunst.

Wer bei Armin und Alexander Gründler am Achensee einkehrt, betritt gleich zwei kulinarische Welten. Denn im Genießerwirtshaus & Kulinarikhotel Alpin werden Wirtshausküche und kreative Haute Cuisine gleichermaßen zelebriert. Das Konzept des Tiroler „Genuss Wirts des Jahres 2010“: Typische Klassiker aus der regionalen und österreichischen Küche treffen internationale Spezialitäten und werden durch die einzigartigen Produkte, wie die aromatischen Kräuter aus der umliegenden Bergwelt, Forellen und Saiblinge aus dem Achensee und andere Delikatessen aus den Genuss Regionen, zu kulinarischen Sensationen. Das Vater-Sohn-Gespann ist dabei bekannt für handwerkliche Perfektion und kreativen Freigeist, egal, ob es sich um bodenständige Leckerbissen oder avantgardistische Kunstwerke handelt. Denn ihnen ist nur eines wichtig: Der Genuss muss stimmen!

Seesaibling

Wildschönauer Krautingerrüben-Sternanis-Püree & Wildschönauer Krautingerrübe süß-sauer

Seesaibling
4 Seesaiblinge à 300 g
Sonnenblumenöl
geklärte Butter
Salz, weißer Pfeffer aus der Mühle

Wildschönauer Krautingerrüben-Sternanis-Püree
300 g Wildschönauer Krautingerrüben
100 ml Apfelsaft, 50 ml Orangensaft
3 Sternanise, 2 Salbeiblätter
50 g kalte Butter
50 g braune Butter

Wildschönauer Krautingerrübe süß-sauer
500 g Wildschönauer Krautingerrüben, Brunoise
500 ml Geflügelfond
2 Stück Zitronengras, 20 g Ingwer
300 ml Apfelsaft
150 ml Ananassaft
15 g Schalotten, ½ Chilischote
20 g brauner Zucker
Thymian, Weißweinessig
Maizena
15 g kalte Butter

Seesaibling: Die Saiblinge sauber filetieren und entgräten. Anschließend in einem Sonnenblumenöl-Butter-Gemisch glasig anbraten und würzen.

Wildschönauer Krautingerrüben-Sternanis-Püree: Die Steckrüben mit den Säften, den Sternanisen und den Salbeiblättern weich garen. Sternanis entfernen und im Mixer mit der Butter fein pürieren.

Wildschönauer Krautingerrübe süß-sauer: Alle Flüssigkeiten zusammen mit dem zerdrückten Zitronengras, den gehackten Schalotten, dem fein geschnittenen Ingwer, der entkernten Chilischote und dem braunen Zucker zum Kochen bringen. Auf die Hälfte reduzieren und abseihen. Die Flüssigkeit wieder zum Kochen bringen und die Steckrüben darin weich dünsten. Zum Schluss Thymian und einen Spritzer Essig beigeben, eventuell mit Maizena binden und mit kalter Butter verfeinern.

Anrichten: Das Saiblingsfilet mit der Haut nach oben in das Zentrum des Tellers legen. 4 Brunoise von der Wildschönauer Krautingerrübe süßsaußer in einer Linie auf dem Filet aufreihen, das Wildschönauer Krautingerrüben-Sternanis-Püree mit einem Spritzbeutel als Linie unter dem Fisch platzieren. Wahlweise mit Saiblingskaviar und essbaren Blüten dekorieren.

Rezept für 4 Personen

PROFITIPP: Als Dekoration Cherrytomaten halbieren und mit blanchierten Wildschönauer Krautingerrüben-Streifen servieren.

Schwierigkeitsgrad: schwer
Zubereitungszeit: 1¾ Stunden

DIE HOCHBURG DES GENUSSVOLLEN GEMÜSES

Östlich der Festung Hohensalzburg befindet sich die Armada des knackfrischen Genusses: das **Walser Gemüse**. Und das besteht aus lauter leckeren Vitaminbomben.

Die Asservatenkammer ist reichlich mit dem Besten befüllt, was das Land zwischen dem Unterberg und der Mozartstadt zu bieten hat: Frische Blattsalate, Tomaten, Paprika, Gurken, Zucchini, Erdäpfel, Kohlgemüse und das berühmte Walser Kraut wachsen im Walser Gemüseland zu kulinarischen Kalibern heran. Bereits seit mehr als 400 Jahren ist das Walser Gemüse für seine Frische, Top-Qualität und seinen unvergleichlichen Geschmack bekannt. Heute kultivieren mehr als 40 Betriebe auf 250 Hektar Land verschiedenste Gemüsesorten. Mit naturnahen Methoden, dem umfassenden Wissen um die Kulturführung und dem optimalen Erntezeitpunkt sorgen die Walser Gemüsebauern für vollaromatischen Geschmack einer jeden Gurke, Tomate und Paprika. Neben den naturgegebenen Voraussetzungen wie dem durchlässigen Boden, dem Südföhn, genügend Sonne und Regen sind das die Garanten für knackfrische, genussvolle Qualität.

www.genuss-region.at/walser-gemuese

GENUSS MIT VIEL GESCHICHTE UND TRADITION

Landgasthof Allerberger
Doktorstraße 1
A-5071 Wals-Siezenheim
Tel.: +43 (0) 662/85 02 70
E-Mail: landgasthof@allerberger.com
www.allerberger.com

Der **Landgasthof Allerberger** ist ein Stück Geschichte. Denn er entstand aus dem Konglomerat, das aus dem Mönchsberg stammt. In diesen ehrwürdigen Mauern wird heute von **Josef Schäller** modern aufgekocht.

Als in den Jahren von 1764 bis 1767 der Durchbruch des Neutors im Mönchsberg entstand, war es Wolfgang Hagenauer, der aus den Steinen das Gastzimmer des heutigen Landgasthofs Allerberger errichtete. Doch die Geschichte des Hauses begann noch früher, denn sein Vorfahre und erzbischöflicher Hofkoch Mathias Hagenauer erbaute einen Teil des Hauses bereits 1724. Seit 1804 ist der Gasthof schließlich im Besitz der Familie Allerberger. Heute wird unter der Patronanz von Franz und Rosina Allerberger und der alten Tramdecke bürgerliche Küche von Josef Schäller auf höchstem Niveau serviert. Die Zutaten kommen von den Bauern der Umgebung, das Wild stammt aus dem eigenen Revier. Dazu gibt es Bier aus der eigenen Brauerei. Und trotz der vielen Städter, die hier gerne einkehren, ist das Haus ein echter Dorfgasthof geblieben. 15 Stammtische zeugen davon.

Rehstelzscheiben und Filet vom Siezenheimer Aureh

mit Walser Gemüse und Walnusspüree

Rehstelze
1 hintere Rehstelze, in Scheiben geschnitten
100 g Wurzelgemüse, ½ Zwiebel
Selchspeck
500 ml Wildsuppe
1 TL Tomatenmark
250 ml Rotwein
Preiselbeeren, Lorbeer, Wacholder, Pfefferkörner, 1 Zweig Thymian
1 TL Stärkemehl

Rehfilet
300 g Rehrücken
100 g Wurstbrät, fein
5 g Schweinsnetz

Walser Gemüse
400 g Walser Gemüse, je nach Saison
Salz, Zucker, Muskat, Butter

Walnusspüree
500 g Erdäpfel, mehlig
100 g Butter
50 g Walnüsse, gerieben
Milch, Salz, Muskat, Walnussöl

Rehstelze: Die Scheiben der Rehstelze salzen und pfeffern, in wenig Fett beidseitig anbraten und beiseite stellen. Das Wurzelgemüse im Bratenrückstand mit Speck und Zwiebeln goldbraun rösten, Tomatenmark beigeben und kurz mitrösten. Mit Suppe und Rotwein ablöschen, die restlichen Gewürze und die Rehscheiben zufügen. Gemeinsam für etwa 45 Minuten weich dünsten. Anschließend die Rehscheiben herausheben, mit Preiselbeeren und Rotwein abschmecken, nach Bedarf mit Stärkemehl binden.

Rehfilet: Den Rehrücken salzen, pfeffern und in Fett anbraten. Wurstbrät gleichmäßig auf das Schweinsnetz verstreichen und den Rehrücken darin einschlagen. Nun bei 160 °C für etwa 12 bis 15 Minuten rosa braten.

Walser Gemüse: Das Gemüse kurz überkochen oder dämpfen. Anschließend in Butter und in den Gewürzen schwenken.

Walnusspüree: Die Erdäpfel weich kochen, schälen und passieren. Nach dem Ausdampfen gemeinsam mit der Milch ein Püree herstellen. Die kalte Butter und die Walnüsse unterheben. Abschließend mit Salz, Muskat und einem Schuss Walnussöl finalisieren.

Rezept für 4 Personen

PROFITIPP: Das Wurstbrät vorab beim Metzger bestellen. Es kann nach eigenem Geschmack verfeinert werden, wie mit frischen Kräutern, Portwein oder Madeira.

Schwierigkeitsgrad: mittel
Zubereitungszeit: 1½ Stunden

WENN HEU ZUM GOLDIGEN GENUSS WIRD

Rumpelstilzchen konnte aus Stroh Gold machen. Die Käsereien im Flachgau können es besser: Denn die gewinnen aus Heu den goldenen **Flachgauer Heumilchkäse.** Da riss sich das Rumpelstilzchen entzwei.

Es war einmal vor langer Zeit, da trug es sich zu, dass der Käse im Flachgau zur Gänze aus Heumilch, der ursprünglichsten Form der Milchherstellung, erzeugt wurde. Stopp! Genau das geschieht heute noch in dieser Genuss Region, denn der Flachgau ist eines der letzten traditionellen Heumilchgebiete Europas. Im hügeligen Alpenvorland finden die Milchkühe auf den saftigen Weiden und grünen Wiesen bis zu 50 verschiedenste Gräser und Kräuter, die den einzigartigen Geschmack des Flachgauer Heumilchkäses prägen. Für die Fütterung im Winter werden diese Wiesen gemäht, das Gras getrocknet und das so entstandene Heu für die kalte Jahreszeit gelagert. Und das schmeckt man in jedem Stück Flachgauer Heumilchkäse. Das Aroma der Flachgauer Wiesen und das jahrhundertealte Handwerk der Salzburger Käsekunst lassen ganz besondere Käsespezialitäten entstehen: Emmentaler, Bergkäse, Heumondkäse ... Einfach märchenhaft!

www.genuss-region.at/flachgauer-heumilchkaese

ÜBER 600 JAHRE GASTLICHKEIT

Landgasthof Holznerwirt
Dorf 4
A-5301 Eugendorf
Tel.: +43 (0) 62 25/82 05
E-Mail: hotel@holznerwirt.at
www.holznerwirt.at

1390 erbaut als das „Haus am Freidhof", 1698 von Michael Holzner gekauft, ist der **Landgasthof Holznerwirt** in Eugendorf heute dank der Wirtsfamilie Bimminger und der Küche von **Gerhard Schönbauer** eine gemütliche Einkehr für Feinspitze.

Man sagt, Eugendorf sei das Tor zu Salzburg, wenn dem so ist, dann ist der Landgasthof Holznerwirt das Tor zum guten Geschmack. Seit mehr als einem halben Jahrtausend wird an diesem Ort Gastlichkeit gepflegt und in familiärer Atmosphäre für das Wohl der Gäste gesorgt. Gemütliche Stüberln, der historische Weinkeller und der schattige Gastgarten unter den alten Kastanienbäumen bieten das richtige Ambiente für die regionalen und internationalen Köstlichkeiten von Gerhard Schönbauer. Die traditionelle Küche mit saisonalen Schmankerln sowie die verschiedenen Spezialitätenwochen sind ein Gästemagnet und nach reichlichem Genießen kann man im Landgasthof Holznerwirt auch gleich einen der über 60 zum Teil selbst gebrannten Schnäpse verkosten. Eben ein Wirtshaus für jedermann, das mit der Tradition spielt und mit dem heutigen Zeitgeist liebäugelt.

Knödel vom Flachgauer Heumilchkäse

mit Spinat

Knödel vom Flachgauer Heumilchkäse

250 ml Milch
250 g Knödelbrot
Salz, Pfeffer
½ Zwiebel
1 EL Butter
1 Knoblauchzehe, fein gehackt
3 EL Petersilie, fein gehackt
250 g Blattspinat
2 Eier
150 g Flachgauer Heumilch-Emmentaler, würfelig geschnitten
3 EL Butter

Garnitur

Heumilchkäse, frisch gerieben
Schnittlauch, geschnitten

Knödel vom Flachgauer Heumilchkäse: Die Semmelwürfel salzen und pfeffern. Die Zwiebel schälen, feinwürfelig schneiden und in zerlassener Butter mit dem Knoblauch glasig rösten. Anschließend die Petersilie unterrühren, mit Milch aufgießen und aufkochen lassen. Das gesalzene und gepfefferte Knödelbrot mit der heißen Milch übergießen.
Den Blattspinat in heißem Wasser kurz blanchieren, in Eiswasser abkühlen und gut ausdrücken. Den Spinat nun fein hacken und den geschnittenen Heumilchkäse mit den Eiern verquirlen und unter die Brotmasse mengen. Die Masse etwa 10 Minuten ziehen lassen.
Mit befeuchteten Händen kleine Knödel formen. In kochendes Salzwasser einlegen und offen bei geringer Hitze etwa 8 Minuten kochen. Mit einem Lochschöpfer aus dem Wasser heben und gut abtropfen lassen.
Butter in einer Pfanne erhitzen, bis sie nussbraun ist und zu schäumen beginnt.

Anrichten: Den Knödel mit Käse bestreuen, mit der geschäumten Butter übergießen und mit Schnittlauch garniert servieren.

Rezept für 4 Personen

PROFITIPP: Tauchen Sie zwischendurch die Hände immer wieder in Wasser, dann können Sie die Knödel besser formen.

Schwierigkeitsgrad: leicht
Zubereitungszeit: 30 Minuten

EIN WINK DES SCHICKSALS

Die Kelten entdeckten die Käseherstellung um 400 vor Christus, unabsichtlich. Seit 120 Jahren ist sie perfektioniert und der Genuss hat einen Namen: **Tennengauer Almkäse**. Der gute Geschmack ist dabei aber kein Zufall.

Ein Glück, dass es Väterchen Zufall gibt. Denn der war es, der die Kelten auf den Ur-Käse stießen ließ. Freilich war der im Geschmack und Aussehen kein Vergleich zu dem ausgereiften aromatischen Tennengauer Almkäse, wie er heute von den fünf alpinen Sennereien und den zahlreichen regionalen Almhütten hergestellt wird. Das Geheimis des charakteristischen Geschmacks liegt in der traditionell verwendeten Heumilch. Diese kommt von den Rindern der Rasse Pinzgauer und Fleckvieh, die auf den alpinen Almen auf 1000 bis 1700 Meter Seehöhe Alpenaster, Schwertlilie, Alpenleinkraut, Enzian und Engelwurz sowie andere Kräuter und würzige Gräser finden. Diese Bergflora gibt der Heumilch ihre einzigartige Note, die sich im Tennengauer Almkäse widerspiegelt. Als feiner Adneter Dorfkäse, aromatischer Magerkäse, rustikaler Rauchkuchlkas oder würziger Bauernkäse verspricht der Tennengauer Almkäse besten Geschmack.

www.genuss-region.at/tennengauer-almkaese

EIN WIRT AUS ÜBERZEUGUNG

Gasthof Hohlwegwirt
Salzburger Straße 84
A-5400 Hallein-Taxach
Tel.: +43 (0) 62 45/842 15-0
E-Mail: gasthof@hohlwegwirt.at
www.hohlwegwirt.at

Ernst Kronreif ist ein Unikat.
In dem **Gasthof Hohlwegwirt** führt der sympathische Sohn des Gründers des KTM-Werkes die Küche seiner Mutter Ida weiter und verführt seine Gäste nicht nur kulinarisch, sondern auch mit seinem Salzburger Schmäh.

Bereits die fünfte Generation der Familie steht mit Ernst Kronreif hinter dem Herd des Gasthofs Hohlwegwirt. Seit mehr als 135 Jahren ist das urige Haus bekannt für regionale Schmankerln, Ernst Kronreif brachte zudem noch frische Fischgerichte mit auf die Karte. In den Topf kommt alles, was laut dem Patron rund um den Kirchturm wächst, eine Tradition seiner Mutter Ida, eine zu ihren Zeiten sehr bekannte Köchin Salzburgs. Genießen kann man die bodenständige, niveauvolle Küche in der alten Gaststube, die mit ihren uralten, stabilen Mauern und den Böden aus Marmor, der entweder am Untersberg oder in Adnet gebrochen wurde, besonderes Flair ausstrahlt. Bei einem Bier aus der Schank oder einem der über 100 verschiedenen Weine gibt der Hausherr gerne Einblick in die Familiengeschichte, im Besonderen aber über seinen Vater, den Gründer der KTM-Werke. Zuhören und genießen.

Spargel im Tennengauer Almkäse

Spargel
1 kg Spargel
Butter, Zitrone, Weißwein, Zucker, Salz

Tennengauer Almkäsemantel
250 g Tennengauer Almkäse, wie Adneter Dorfkäse
1 Ei
Bergsalz
Mehl
Butterschmalz

Spargel: Den Spargel vom Kopf weg mit einem Spargelschäler sorgfältig rundum schälen, dabei den Spargel flach auf ein Brett legen, damit er nicht bricht. Die Spargelstangen nach Stärke ordnen und mit einem Messer etwa 1 cm der Enden abschneiden. Den Spargel portionsweise bündeln und mit einem Spagat zusammenbinden.

Die Schalen in Salz-Zucker-Wasser für 5 Minuten köcheln lassen, danach die Schalen entfernen und das Wasser mit Butter, Zitrone und Weißwein verfeinern. In diesem Sud die Spargelstangen für 10 Minuten köcheln und anschließend auf einem Teller erkalten lassen.

Tennengauer Almkäsemantel: Das ganze Ei zersprudeln, den Tennengauer Almkäse reiben und mit etwas Salz daruntermischen. Den erkalteten Spargel zuerst in Mehl und dann in der Käse-Ei-Panade wälzen. Im heißen Butterschmalz rausbacken.

Anrichten: Den ummantelten Spargel auf einem Teller platzieren und mit etwas geriebenem Käse bestreuen. Wahlweise können dazu Erdäpfel gereicht werden.

Rezept für 4 Personen

PROFITIPP: Zu diesem Gericht passt ein Glas Schilcher aus der Weststeiermark hervorragend dazu.

Schwierigkeitsgrad: leicht
Zubereitungszeit: 30 Minuten

ERLESENER GESCHMACK MACHT SICH BEZAHLT

Ein bisschen bockig ist jedes **Pinzgauer Kitz**, wenn's ums Essen geht. Denn nur die besten Gräser und Kräuter werden von den kleinen Ziegen vernascht. Der Gourmet dankt's!

Herumzicken, das können sie. Aber es sei ihnen verziehen, es liegt ja schließlich in der Natur des Pinzgauer Kitzes. Auf den Almen und Hochweiden des Pinzgaus suchen sich die Tiere das Beste, was die salzburgerische Flora so hergibt. Und es sind genau diese Aromen der bevorzugten feinen Gräser und Kräuter, aber auch der Blätter und frischen Zweige von Bäumen und Büschen, die das Kitzfleisch zu einem einzigartigen kulinarischen Genuss machen. Zudem zu einem sehr gesunden: Wegen der wenigen Kalorien und des geringen Cholesteringehalts findet diese Spezialität ganzjährig großen Anklang. Im Frühling ist es als Milchkitz nicht nur zu Ostern und Pfingsten eine Delikatesse. Zwischen 8 und 10 Wochen alt und ausschließlich von Milch ernährt, ist das Fleisch hell und ausgesprochen zart. Im Sommer komplettiert das klassische Kitzfleisch, charakteristisch mit leichter Fettabdeckung und bereits saftig rot, die Kulinarikpalette.

www.genuss-region.at/pinzgauer-kitz

HEIMAT, BIST DU GROSSER SÖHNE

Döllerer's Genusswelten
Genießerhotel – Genießerrestaurant – Wirtshaus
Am Marktplatz 56
A-5440 Golling
Tel.: +43 (0) 62 44/42 20-0
E-Mail: office@doellerer.at
www.doellerer.at

Er ist der neue Superstar der österreichischen Kochszene. **Andreas Döllerer** hebt in den **Döllerer's Genusswelten** mit seiner „Cuisine Alpine" die heimatliche Küche auf ein neues Niveau.

„Ein perfekter Handwerker mit großem kreativen Potenzial“ – so beschreibt der Gault Millau das Können von Andreas Döllerer. Seine Wahl zum „Koch des Jahres 2010“ kommt nicht überraschend, mischt der 1979 geborene Salzburger doch schon lange in der oberen Riege der besten Köche des Landes mit. So war allein sein Start in die österreichische Gastronomieszene 2003 fulminant: Auf Anhieb erkochte er drei Gault Millau-Hauben für das Döllerer's Genießerrestaurant sowie zwei Gault Millau-Hauben für das Döllerer's Wirtshaus. Mit seiner Küchenlinie trifft er genau den Geschmack der Zeit: Tradition trifft Moderne mit Mut zu Neuem. „Cuisine Alpine“ nennt Andreas Döllerer diese gelungene Mischung aus klassischen österreichischen Schmankerln verfeinert mit einer Prise Kreativität, internationalem Know-how und mit heimischem Produkt-Patriotismus.

Osso Bucco & Krone vom Pinzgauer Kitz

mit Aligot, Kräuterspinat und Cocobohnen

Osso Bucco
8 Scheiben Lamm Osso Bucco
schwarzer Pfeffer, Olivenöl
50 g Sellerie, 50 g Lauch, 1 Zwiebel
3 Knoblauchzehen
2 Zweige Thymian & Rosmarin
100 g Pelati, Meersalz
2 EL Tomatenmark
125 ml Weißwein, 125 ml Rotwein
dunkler Kalbsfond, Rindssuppe

Krone vom Pinzgauer Kitz
300 g Kitzkrone, mit Knochen
1 Knoblauchzehe, Olivenöl,
schwarzer Pfeffer, Meersalz,
1 EL Honig, 1 TL grober Dijonsenf,
Thymian, Rosmarin

Aligot
150 g Erdäpfel, gekocht,
40 g Crème fraîche, 60 g Butter,
50 g Bergkäse
Salz, Muskatnuss, weißer Pfeffer

Kräuterspinat
100 g Blattspinat, geputzt
Basilikum, Bärlauch, Minze, Salz
1 Schalotte, Muskatnuss, Pfeffer
4 cl Weißwein

Cocobohnen
50 g Cocobohnen
Bohnenkraut, 1 Knoblauchzehe,
Salz, weißer Pfeffer, Olivenöl

Osso Bucco: Die Osso Bucco-Scheiben mit Pfeffer würzen und in einem Topf beidseitig kräftig anbraten. Wieder herausnehmen und die grob geschnittene Zwiebel, Sellerie, Lauch und die angedrückten Knoblauchzehen anbraten. Wenn das Gemüse etwas Farbe genommen hat, das Tomatenmark und die Kräuter zufügen, etwa 1 Minute mitrösten, mit dem Wein ablöschen und Pelati zugeben. Fleisch wieder beigeben und alles mit je der Hälfte von Rindssuppe und Kalbsfond gut bedecken. Den Topf mit Alufolie abdecken und das Osso Bucco im Backrohr bei 140 °C etwa 2 Stunden schmoren. Mit einer Fleischgabel vorsichtig aus der Sauce nehmen und mit Alufolie abdecken. Warm stellen. Die Sauce durch ein feines Spritzsieb drücken, bei Bedarf etwas einkochen lassen. Vor dem Servieren die Osso Bucco-Scheiben in der Sauce vorsichtig erwärmen.

Krone vom Pinzgauer Kitz: Kitzkrone mit Pfeffer würzen und in einer Pfanne in Olivenöl beidseitig kräftig anbraten. Angedrückten Knoblauch und Kräuter beigeben und bei 110 °C im Backrohr etwa 20 Minuten garen. Honig mit dem Senf verrühren und das Lamm damit großzügig bestreichen. In einer Pfanne etwas Butter aufschäumen lassen, Thymian und Rosmarin beigeben und die Krone nochmals rundherum von allen Seiten kurz anbraten, damit das Fleisch außen heiß ist.

Aligot: Die gekochten Erdäpfel heiß durchpressen. Kalte Butter, Crème fraîche und Bergkäse unterrühren und mit den Gewürzen abschmecken.

Kräuterspinat: Spinat und Kräuter gründlich waschen und trocken schleudern. Schalotte fein würfeln und in Olivenöl anschwitzen. Spinat und Kräuter beigeben und mit dem Weißwein ablöschen. Mit Salz, Pfeffer und Muskatnuss würzen.

Cocobohnen: Die Cocobohnen in reichlich kaltem Wasser 1 Tag einweichen. Nun mit Wasser bedeckt mit dem Bohnenkraut, angedrücktem Knoblauch, Salz und Pfeffer etwa 30 Minuten bissfest kochen. Schälen und vor dem Servieren in etwas Gemüsefond und Olivenöl erwärmen.

Anrichten: Den Kräuterspinat unter der Krone vom Pinzgauer Kitz platzieren, das Osso Bucco auf den Teller setzen und mit dem Aligot, den Cocobohnen und der Soße anrichten.

Rezept für 4 Personen

PROFITIPP: Den Osso Bucco-Fond mit etwas Zitronenabrieb, Limettenabrieb, Olivenöl und Meersalz abschmecken.

Schwierigkeitsgrad: mittel
Zubereitungszeit: 1 Tag inklusive Ruhezeit

GENUSS MAL ZWEI

Warum einfach, wenn es doppelt auch geht? Genau! Deshalb ist das **Pinzgauer Rind** auf dem Vormarsch, denn diese besondere Rasse liefert Milch und Fleisch in höchster Qualität.

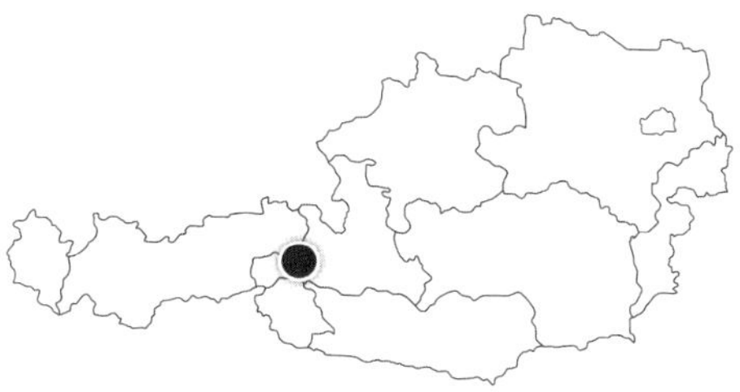

Dic Berge der Hohen Tauern sind hoch, dic Täler weit und das Wetter rund um den Großglockner, nun ja, eher etwas für widerstandsfähige Burschen und Mädel. Und genau das ist es, das Pinzgauer Rind: robust, leistungsfähig, ausdauernd und mit perfekter Anpassungsfähigkeit versehen. Das kastanienbraune Fell mit weißer Farbzeichnung und die dunklen Klauen ist charakteristisch für diese bodenständige Höhenviehrasse, die Jochberger Hummeln eine interessante, genetisch hornlose Variante. Eines haben aber alle Pinzgauer Rinder gemein: Sie liefern perfekte Milch und haben ausgezeichnete Fleischqualität. Bei intensiver Mast erreichen die Rinder mit 15 Monaten ein Endgewicht von etwa 650 Kilogramm. Das feinfasrige, zart marmorierte, hellrote Fleisch mit geringer Fettauflage ist ein Gustostückerl vom Feinsten. Die Doppelnutzung macht das Pinzgauer Rind begehrt: Die österreichische Rasse ist heute auf vier Kontinenten zu finden.

www.genuss-region.at/pinzgauer-rind

TYPISCH ÖSTERREICHISCH UND DOCH ANDERS

Meilinger Taverne
Am Stadtplatz 10
A-5730 Mittersill
Tel.: +43 (0) 65 62/42 26
E-Mail: essen@meilinger-taverne.at
www.meilinger-taverne.at

Das knallrote Haus am Stadtplatz von Mittersill ist nicht zu übersehen. Auch nicht von den Genießern. Denn in der **Meilinger Taverne** kocht sich **Anneliese Klackl** seit mehr als 20 Jahren in die Gourmetführer des Landes.

Hier hat die Tradition noch Platz: Die Chefin kocht und der Chef serviert. Seit 1980 betreiben Anneliese und Robert Klackl zusammen die Meilinger Taverne oder ihr „Wirtshaus mit Haube“, wie sie es gerne nennen. Denn die bekommt die saisonal-regionale Landküche von Anneliese Klackl seit mehr als 20 Jahren verliehen. Ihr Erfolgsgeheimnis: viel Engagement, Freude und nur die frischesten Grundprodukte. Als Wirt der Nationalparkregion Hohe Tauern bezieht die Gastronomenfamilie viele ihrer Waren direkt von den regionalen Bauern und verarbeitet diese mit viel Liebe zu köstlichen Gerichten. Eines davon, das Pinzgauer Rind, hat sich mittlerweile sogar in ihren Vulgonamen geschlichen: Als „Pinzgauer Rindfleischwirt“ gibt es alle erdenklichen Zubereitungen desselben in der Meilinger Taverne zu kosten, selbst als Dekoration findet sich das kastanienbraune Rind wieder.

BRATEN VOM PINZGAUER RIND

mit 12 Gewürzen, Sauce Cassis & Polentaroulade

Braten vom Pinzgauer Almrind
1½ kg Rindfleisch
3 EL Pflanzenöl, 50 g Butter
Salz, frischer Pfeffer, scharfer Senf
100 g Lauch, 120 g Vollkornbrösel
40 g Speck, ½ Kalbsfuß, in Stücken
250 ml Rindssuppe
100 g Preiselbeeren, 50 g Zucker
Tomatenmark, Ketchup, Olivenöl
Gemüse von der Marinade

Gewürze
Fenchel, Kümmel, Koriander,
Pfefferkörner, Nelke, Lorbeer,
Muskatblüte, Piment, Muskatnuss,
Rosmarin, Thymian, Salbei

Sauce Cassis
60 ml Balsamico, 250 ml Portwein,
125 ml Cassis

Marinade
180 g Sellerie, 120 g Karotten,
60 g Petersilienwurzeln,
150 g Zwiebeln, 3 Knoblauchzehen
Lorbeer, Pfefferkörner, Nelken,
Petersilienstängel, Piment,
100 ml Balsamico, 1 l Rotwein
5 Pflaumen, getrocknet

Polentaroulade
200 ml Milch, 20 g Butter
60 g Polenta, 4 Palatschinken
Salz, Pfeffer, Muskat, 1 Eigelb
100 g Gemüsewürferln, 50 g Mais

Marinade: Für die Marinade das Gemüse würfelig schneiden, zusammen mit dem Fleisch, Wein, Balsamico und Gewürzen in eine Schüssel legen und zugedeckt 1 bis 2 Tage ziehen lassen. Das Fleisch soll ganz mit Flüssigkeit bedeckt sein.

Rinderbraten: Das abgetrocknete Fleisch würzen und in einer Bratkasserolle in Öl anbraten, herausheben. Das geschnittene Gemüse, den Speck und die Butter dazugeben, leicht anrösten. Die Kalbsfußstücke einlegen. Das Ketchup mit Tomatenmark, Zucker und Olivenöl verrühren, mitrösten. Preiselbeeren, Vollkornbrotbrösel und Fleisch dazugeben, mit der Hälfte der abgeseihten Marinade aufgießen.
Die Rindsuppe dazufügen und bei etwa 140 °C bis zu 3,5 Stunden auf eine Kerntemperatur von 80 °C schmoren. Anschließend den Deckel abheben, die Gewürze beifügen und unter ständigem Übergießen offen fertig schmoren. Den fertigen Braten herausheben und rasten lassen.

Sauce Cassis: Den Portwein und Balsamico auf ein Drittel reduzieren, zum Bratenfond gießen, passieren und – wenn nötig – mit kalten Butterstücken montieren.

Polentaroulade: Die Milch mit der Butter aufkochen, dann Polentagrieß einrühren. Etwa 10 Minuten bei kleiner Hitze unter Rühren quellen lassen. Die Masse würzen und 20 Minuten nachziehen lassen. Das Eigelb, die Gemüsewürferln und Maiskörner unterrühren.
Die Polenta jeweils 1 cm dick auf die Palatschinken aufstreichen und aufrollen. Die Polentarollen erst in Ei, dann in Mehl wenden und anschließend in der Pfanne im heißen Fett hellbraun backen.

Anrichten: Den Braten vom Pinzgauer Rind in etwa 1 cm dicke Scheiben schneiden und auf dem Teller platzieren. Nun die Polentaroulade schräg halbieren und hinzufügen. Anschließend mit Sauce Cassis nappieren.

Rezept für 4 Personen

PROFITIPP: Für diesen Braten eignen sich Tafelspitz, Tafelstück, Hüferscherzel, Schulterscherzel, mageres Meisl, Rindsschale, flache Rindsschulter oder Rose vom Pinzgauer Rind.

Schwierigkeitsgrad: mittel
Zubereitungszeit: 2 Tage inklusive Ruhezeit

LUFTIGE HÖHEN, FRISCHER GENUSS

600 Meter Seehöhe und luftige, karge Böden machen die **Sauwald Erdäpfel** zu einem kulinarischen Überflieger. Im wahrsten Sinne ein Hochgenuss für Gourmets.

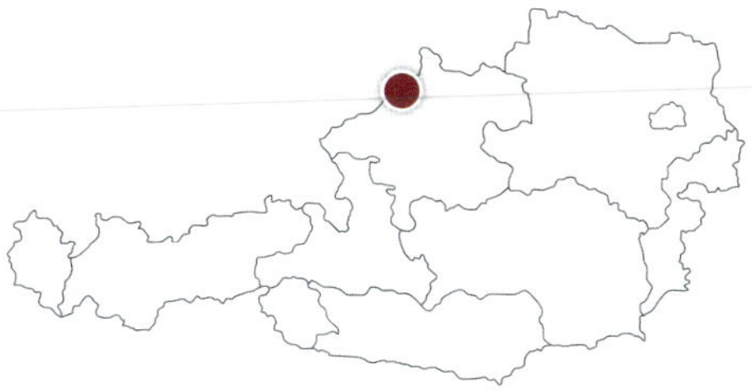

Zwischen der Donauschlinge Schlögen und Passau liegt auf der Innviertler Seite und auf über 600 Metern Seehöhe der Sauwald. Unberührte Natur, Urgesteinsverwitterungsböden und raue Winter sowie milde Sommer schaffen dort die idealen Voraussetzungen für eine oberösterreichische Köstlichkeit: die Sauwald Erdäpfel. Neun Gemeinden haben sich dem Anbau der knackigen Knolle und kompromisslos guter Qualität verschrieben. Ganz nach alter Tradition werden die Erdäpfel verschiedener Sorten, wie Red Lady, Linzer Delikatess und Freya, erst geerntet, wenn sie reif und schalenfest sind. Denn die Schonung der Knolle hat Priorität bei der Ernte. Dass die goldgelbe oder auch rote Köstlichkeit danach gebürstet und nicht gewaschen wird, versteht sich für die Sauwald Erdäpfel-Bauern von selbst. Doch das Geheimnis des Geschmacks liegt im Boden versteckt: Der hohe Kaligehalt verleiht den Erdäpfeln ihr unverwechselbares Aroma.

www.genuss-region.at/sauwald-erdaepfel

EIN KNUSPER-HÄUSCHEN DES GUTEN GESCHMACKS

Waldschänke
Kickendorf 15
A-4710 Grieskirchen
Tel.: +43 (0) 72 48/623 08
E-Mail: waldschaenke@utanet.at
www.waldschaenke.at

Nicht nur die Spatzen aus dem nahen Wald pfeifen es vom Dach der **Waldschänke**, auch die Gourmetkritiker sind sich einig: **Elisabeth Grabmer** zählt zu der Elite der Top-Köche Österreichs.

Leicht zu finden ist es nicht, das bezaubernde Häuschen der oberösterreichischen Ausnahmeköchin Elisabeth Grabmer. Dort, versteckt hinter einem Wäldchen, offenbart sich ihre Welt der kulinarischen Raffinesse. Die Pfeiler ihres Erfolges: Perfektion, Erfahrung, jede Menge Kreativität und die Liebe zur Kochkunst. Und die war es, die Elisabeth Grabmer zur besten Köchin Oberösterreichs machte. Als Autodidaktin schmökerte sie stundenlang in Kochbüchern und holte sich bei Kochstars Tipps. Heute wird sie selbst darum gebeten, denn ihre kulinarischen Bonmots sind eine Sensation. Alte Klassiker und regional verwurzelte Gerichte verwandelt sie mit Finesse in ungewöhnliche Geschmacksexplosionen. Doch trotz aller Anerkennung vonseiten der Gourmetführer bleibt Elisabeth Grabmer auf dem Boden: „Nur Teller, die leer zurückkommen, sind ein Lob für die Küche." Und das bekommt sie täglich.

Mit Ochsenschlepp gefüllte Sauwald Erdäpfel

mit Liebstöckelcreme

Sauwald Erdäpfel
4 große Sauwald Erdäpfel, festkochend
20 g Butter
1 Zweig Thymian
1 Knoblauchzehe
Salz
150 g Innviertler Bauchspeck, geschnitten
Butter, geklärt

Ochsenschleppfülle
1 kg Ochsenschlepp
150 g Schmorgemüse
1 Lorbeerblatt, Wachholderbeeren, Pfefferkörner, 2 Nelken, Thymian, Rosmarin
250 ml Rotwein, 500 ml Rinderfond
2 EL Tomatenmark
Salz, Pfeffer aus der Mühle
Olivenöl zum Anbraten des Ochsenschlepps

Liebstöckelcreme
250 g Liebstöckel
1 Schalotte, 1 Knoblauchzehe
50 ml Rindssuppe, 1 EL Schlagobers
1 EL Butter, 1 EL Mehl
1 Prise Muskatnuss
20 g kalte Butter
Salz, Pfeffer

Sauwald Erdäpfel: Die Erdäpfel schälen und in Form schneiden, dann die Erdäpfel mit den Gewürzen und der Butter in einem Vakuumsackerl verschließen. Im Dampfgarer etwa 25 Minuten bei 90 °C garen.

Ochsenschleppfülle: Den Ochsenschlepp vom Fleischer in Stücke schneiden lassen. In einem Bräter das Öl erhitzen, Fleisch würzen und von allen Seiten gut braun anbraten. Das Fleisch herausnehmen, das in gleich große Würfel geschnittene Gemüse braun rösten, das Tomatenmark dazugeben und nochmals weiterrösten, mit Rotwein ablöschen und um die Hälfte einreduzieren, dann die Rindsuppe dazugeben. Anschließend die Gewürze und das Fleisch dazugeben und im Backrohr bei 140 °C für etwa 4 Stunden schmoren lassen. Das Fleisch herausgeben, überkühlen lassen, vom Knorpel ablösen und klein schneiden, falls notwendig noch nachwürzen.

Die Erdäpfel in der Mitte aushöhlen, mit dem Ochsenschlepp füllen und rundherum den Bauchspeck geben. Kurz vor dem Servieren in geklärter Butter anbraten und im Rohr warm halten.

Liebstöckelcreme: Liebstöckel waschen und im kochenden Salzwasser einige Minuten blanchieren. Abseihen und kalt abschrecken, mit dem Mixstab pürieren. Die Schalotte fein hacken, in Butter hell anrösten mit Mehl stauchen, anschließend mit Suppe aufgießen, aufkochen und kräftig durchrühren, das passierte Liebstöckel dazugeben und abschmecken. Zum Schluss kalte Butter einrühren.

Anrichten: Die mit Ochsenschlepp gefüllten Erdäpfel halbieren und je zwei Hälften auf einem Teller stapeln. Die Liebstöckelcreme auf den Teller streichen und wahlweise den ausgestanzten Teil der Erdäpfel dazu reichen.

Rezept für 4 Personen

PROFITIPP: Durch das Dampfgaren im Beutel schmeckt der ohnehin sehr gute Sauwald Erdapfel noch besser. Erdäpfelgeschmack pur – und er „zerfällt" nicht.

Schwierigkeitsgrad: mittel
Zubereitungszeit: 5 Stunden

HART IM NEHMEN, PERFEKT IM GESCHMACK

Gegen alles ist ein Kraut gewachsen. Und für den Geschmack sowieso. Die **Mühlviertler Bergkräuter** können beides: Sie schmecken fantastisch und helfen können sie auch.

Zugegeben, das Klima des Mühlviertels gehört nicht zu den lieblichsten. Über die sanften Hügel im Norden Oberösterreichs streifen so manche steife Brise, Regenschauer und Gewitter. Aber genau hier und bis auf 900 Meter Seehöhe wachsen Pfefferminze, Zitronenmelisse, Ringelblume & Co zum perfekten Aroma heran. Optimale Voraussetzungen finden die Mühlviertler Bergkräuter in den granithaltigen Böden in der Gegend rund um Hirschbach und gedeihen auf kleinen Feldern in biologischem Betrieb. Durch die dann doch etwas harten Bedingungen wachsen die diversen Heil- und Genusskräuter etwas langsamer, nehmen dafür aber ein wesentlich intensiveres Aroma an. Die richtige Auswahl und der perfekte Standort der Pflanzen sind da natürlich wichtig, genauso wie die sorgfältige Verarbeitung und die zeitintensive händische Pflege. Das unvergleichliche Aroma der Mühlviertler Bergkräuter erschmeckt man pur, im Tee oder als Gewürz.

www.genuss-region.at/muehlviertler-bergkraeuter

VIVA ESPAÑIA UND HOCH LEBE ÖSTERREICH

Schlosshotel Freisitz Roith
Traunsteinstraße 87
A-4810 Gmunden
Telefon: +43 (0) 76 12/649 05
E-Mail: info@freisitzroith.at
www.freisitzroith.at

Funktionieren heißblütiges Spanien und Knödelhochburg Österreich gemeinsam auf dem Teller? Ja, denn **Günther Maier** aus dem **Schlosshotel Freisitz Roith** zelebriert die südländische Küche mit einem kräftigen Olé in Richtung Regionalität.

Der Blick vom Wintergarten des Schlosshotels Freisitz Roith auf den Traunsee kann verzaubern, doch serviert das eloquente Servicepersonal unter der silbernen Cloche die kreativen Köstlichkeiten von Shootingstar Günther Maier, ist man geneigt, seinen Blick nicht mehr von der genussvollen und subtilen Kombination aus mediterraner und österreichischer Küche zu nehmen. Als Schüler von Reinhard Gerer und Englands Kochgenie Heston Blumenthal hat Günther Maier das Handwerk des Kochens und die Kreativität zu einer Kunstsache erhoben. Zu kulinarischen Aushängeschildern des Hotelrestaurants avancieren das 7-gängige Tapasmenü und ein stark von regionalen Einflüssen geprägtes 5-gängiges Menü. Immerhin beliefern mehr als 20 Bauern der Umgebung den Freisitz mit ihren Produkten. Und ist man satt, so kann man sich wieder dem grandiosen Panorama widmen.

Knusprig geschmorter Ochsenschwanz

auf Mühlviertler Bergkräuter-Püree und Senfkörnerjus

Ochsenschwänze
1½ kg Ochsenschwanzstücke
50 g Butterschmalz
200 g Staudensellerie
200 g Karotten
200 g Zwiebeln
2 Knoblauchzehen
1 EL Tomatenmark
250 ml Portwein, rot
500 ml Rotwein
1 l Kalbsfond, dunkel
2 Zweige Thymian
1 Zweig Rosmarin
4 Blätter Frühlingsrollenteig

Mühlviertler Bergkräuter-Püree
600 g Erdäpfel
150 ml Milch
100 ml Schlagobers
250 g Mühlviertler Bergkräuter
Salz, Muskat

Senfkörnerjus
100 g Senfkörner
200 ml Ochsenschwanzjus
Salz, Zucker

Ochsenschwänze: Die Ochsenschwänze mit Salz und Pfeffer würzen und im heißen Öl auf allen Seiten kräftig anbraten. Die Ochsenschwanzstücke herausnehmen, das grob geschnittene Gemüse und den Knoblauch im selben Topf anrösten. Die Schwanzstücke dann wieder hinzufügen, das Tomatenmark unterrühren und mitrösten. Mit Portwein und Rotwein nach und nach ablöschen, die Flüssigkeit einkochen lassen und diesen Vorgang wiederholen, bis der Alkohol verbraucht ist. Anschließend die Kräuter hinzufügen, mit dem Kalbsfond auffüllen und die Ochsenschwanzstücke langsam bei milder Hitze weich garen. Die Stücke aus dem Topf nehmen und das Fleisch herunterlösen. Den Fond abseihen und zu sämiger Konsistenz reduzieren. Das Fleisch mit einem Teil der Sauce vermengen und kalt stellen. Das Fleisch in den Frühlingsrollenteig einpacken und in Öl knusprig braten.

Mühlviertler Bergkräuter-Püree: Die Mühlviertler Bergkräuter blanchieren, abschrecken und mit einem Mixer pürieren. Danach die Erdäpfel schälen, vierteln und in Salzwasser weich kochen. Nun die Erdäpfel abseihen und passieren. Die Flüssigkeit erhitzen, mit den Erdäpfeln vermengen, würzen und die Mühlviertler Bergkräuter hinzufügen.

Senfkörnerjus: Die Senfkörner in einem Salz-Zucker-Wasser weich garen, wobei das Wasser währenddessen dreimal zu wechseln ist, um die Bitterstoffe und die Trübstoffe restlos zu entfernen. Die Senfkörner abseihen und in die zuvor erhitzte Ochsenschwanzjus geben.

Anrichten: Auf den Teller einen Spiegel mit dem Mühlviertler Bergkräuter-Püree geben und den knusprig geschmorten Ochsenschwanz darauf platzieren. Die Senfkörnerjus über das Arragement träufeln und mit dem reduzierten Fond finalisieren.

Rezept für 4 Personen

PROFITIPP: Um die Ochsenschwanzjus sämiger zu machen, mit etwas Butter und Stärke montieren.

Schwierigkeitsgrad: mittel
Zubereitungszeit: 1¼ Stunden

SCHMEICHELEI DES GAUMENS

Aristophanes, der griechische Komödiendichter, schreibt, dass Spargel der Schmeichler des Gaumens sei. Den **Leondinger Grünspargel** hätte er gehuldigt. Da kennt er keinen Spaß.

Dieser junge Trieb sorgt jährlich für Furore. Denn der Leondinger Grünspargel, auch gerne als König unter den Gemüsen bezeichnet, ist ein Ausbund an Gesundheit und das geschmackliche Highlight im Frühsommer. Die kurze Erntezeit von Mitte April bis Mitte Juni macht den Leondinger Grünspargel für Gourmets noch beliebter und ihn als Produkt für die Spitzengastronomie zu einem Muss. Anders als der Bleichspargel gedeiht der großartige Grüne an der Erdoberfläche bei Luft und viel Sonne in dem typischen Lößboden der Genuss Region. Im rohen Zustand geschmacklich an Zuckererbsen erinnernd, ist er nicht nur außergewöhnlich zart und niemals holzig, sondern auch reich an Mineralstoffen und den Vitaminen C, B und E. Zu kulinarischer Höchstleistung bringt es das grüne Powergemüse durch die sorgsame Pflege jedes einzelnen Spargelstocks und durch modernste sowie schonendste Verarbeitung.

www.genuss-region.at/leondinger-gruenspargel

GRÜNE KÜCHE MIT WEITBLICK

Verdi – Restaurant & Einkehr
Pachmayrstraße 137
A-4040 Linz
Tel.: +43 (0) 732/73 30 05
E-Mail: lukas@verdi.at
www.verdi.at

Bei **Erich Lukas** im **Verdi – Restaurant & Einkehr** schwelgen Gourmets in kulinarischen Sphären. Ästheten ebenso, die brauchen nur ihren Blick von der Terrasse übers nächtliche Linz schwenken. Oder über die kunstvoll angerichteten Teller.

Hat Erich Lukas nun ein Restaurant der Haute Cuisine oder einen Schlemmertempel mit rustikalem Flair? Wer sich nicht entscheiden kann, der tue gut daran, denn das Verdi – Restaurant & Einkehr ist beides. Einmal schick-urban mit internationaler Fusionsküche und beim Eingang nach links geschwenkt, einmal holzgetäfelt-rustikaler Look mit passender Karte. Geeint werden die beiden verschiedenen Stile, die jeweils durch den Gault Millau ausgezeichnet sind, durch die Kochkunst von Erich Lukas. Das Koch-Gen von der Mutter geerbt, führt er das Verdi – Restaurant & Einkehr hoch über Linz seit er 22 Jahre alt ist. Neue Geschmackserlebnisse der regionalen und der mediterranen Küche bringt er auf die Teller, stets in 1a-Qualität. Das Essen ist immer ein Grund, auf den Gründberg zu fahren, aber auch das besondere Flair. Und je nach Lust und Laune gibt's das ja einmal trendy und einmal traditionell.

Leondinger Grünspargel

mit gebeiztem Eismeersaibling und Wasabicreme

Eismeersaibling
400 g Eismeersaibling
Walnussöl, Salz, Zucker, Limettensaft

Beize für den Saibling
12 g Meersalz, 12 g Zucker, 10 g Pökelsalz
Wacholder, Lorbeer, Koriander, Pfefferkörner, kleiner Bund Dill
Saft einer Zitrone

Leondinger Grünspargelsalat
16 Stangen Leondinger Grünspargel
1 Tomate, 1 Schalotte, Schnittlauch
weißer Balsamico, Walnussöl
Salz, Pfeffer, Zucker

Wasabicreme
Wasabipaste
Salz, Zucker, Saft einer Limette
100 g Joghurt

Garnitur
Friseesalatspitzen
Kapuzinerkresse, Afilakresse

Gebeizter Eismeersaibling: Die Gräten mithilfe einer Pinzette aus dem Fischfilet ziehen. Alle Gewürze für die Beize grob zerstoßen, mit fein gehacktem Dill, Salz, Zucker und Zitronensaft mischen. Das Eismeersaiblingsfilet mit der Hautseite nach unten in eine flache Schale legen und die Beize darüber verteilen. Mit Frischhaltefolie abdecken und im Kühlschrank zwölf Stunden durchziehen lassen.

Leondinger Grünspargelsalat: Das untere Drittel des Leondinger Grünspargels schälen, der Länge nach nudelig schneiden und im Salzwasser kurz blanchieren, im Eiswasser abschrecken. Die Haut der Tomate einschneiden, blanchieren und ebenfalls im Eiswasser abschrecken. Haut abziehen, vierteln, Kerngehäuse entfernen und die Tomate in kleine Würfel schneiden. Die Schalotte schälen und in feine Würfel schneiden, Schnittlauch ebenfalls fein schneiden. Spargelnudeln, Tomatenwürfel, Schalotte und Schnittlauch mischen, mit Balsamico, Walnussöl und den Gewürzen abschmecken.

Wasabicreme: Joghurt und Wasabipaste verrühren, mit Limettensaft und den Gewürzen abschmecken. Wasabi je nach Geschmack verwenden.

Anrichten: Eismeersaibling aus der Beize nehmen, mit kaltem Wasser abspülen und mit Küchenpapier trocken tupfen. Haut vom Filet abziehen und den Saibling in gefällige Stücke schneiden. Bis zum Anrichten wieder einkühlen. Die Wasabicreme auf einem Teller verteilen, die 16 Spargelstangen marinieren und auf die Creme legen. Saibling darauf verteilen, Spargelnudeln mithilfe einer Fleischgabel aufdrehen und auf dem Teller anrichten. Mit Friseesalat und Kresse ausgarnieren.

Rezept für 4 Personen

PROFITIPP: Da der Eismeersaibling roh gebeizt wird, immer darauf achten, dass er stets gekühlt bleibt.

Schwierigkeitsgrad: mittel
Zubereitungszeit: 12 Stunden inklusive Ruhezeit

DIE KRONJUWELEN DES OBSTANBAUS

Äpfel und Kirschen wie Rubine, Heidelbeeren wie Saphire. Das sind wahre kulinarische Schätze, das ist das **Buchkirchner-Schartner Edelobst.** Da funkeln die Augen der Gourmets!

Obstgärten mit goldig schimmernden Äpfeln, Birnen und Quitten schmiegen sich an die sonnigen Hänge und welligen Hügel rund um die beiden oberösterreichischen Obstbaugemeinden Buchkirchen bei Wels und Scharten. Strahlend weiß erblühen dort die Kirsch- und Marillenbäume im Frühjahr und später im Jahr entzücken das leuchtende Rot und Blau der Erdbeerfelder und Heidelbeergärten die Genießer. In dieser einzigartigen Landschaft hat der Obstanbau Tradition, dort ist das Bild geprägt von Edelobstkulturen – dort ist die Heimat des Buchkirchner-Schartner Edelobstes. Ihren einzigartigen Geschmack bekommen Apfel, Marille, Kirsche, Birne, Heidelbeere & Co durch das über Generationen weitergegebene Wissen und das Wechselspiel der Temperaturen: Heiße Tage und kühle Nächte beherrschen im Herbst das Klima und verleihen so dem Buchkirchner-Schartner Edelobst den vollen und reifen Geschmack.

www.genuss-region.at/buchkirchner-schartner-edelobst

FURIOSO DES GENUSSES UND DER GAUMENFREUDE

Landhotel Forsthof
Neustraße 29
A-4522 Sierning
Tel.: +43 (0) 72 59/23 19-0
E-Mail: office@forsthof.at
www.forsthof.at

Der Geschmack der Zeit hat viele Facetten. Die besten davon vereint **Markus Huemer** in der Küche des **Landhotels Forsthof** der Familie Baumschlager zu einem Potpourri der kreativen Kulinarik.

„Die Kunst der Gastlichkeit in ihrer ausgeprägtesten Form lässt sich nicht einfach erlernen. Sie liegt im Blut der Menschen und wird von Generation zu Generation weitergegeben." So lautet das Credo der Familie Baumschlager, der Eigentümer des Landhotels Forsthof. Und weil zur Gastlichkeit auch ein gutes Essen gehört, kredenzt Küchenchef Markus Huemer sowohl Hausmannskost als auch Komponenten der Nouvelle Cuisine auf höchstem Genussniveau. So landen in den Töpfen und Pfannen des Haubenkochs traditionelle Schmankerln und internationale Köstlichkeiten. Garniert wird die Karte schließlich von saisonalen Höhepunkten. Die Weinaffinität des Hausherrn Reinhold Baumschlager zeigt sich im 700 Jahre alten Gewölbekeller. Dort lagern Raritäten und Spitzenweine österreichischer Winzer bis hin zu unbekannten internationalen Newcomern. Eben alles, was ein guter Gastgeber braucht.

Flambierte Marillen

mit Walnusseis

Marillen

12 Buchkirchner-Schartner Edelobst Marillen
8 EL Marillenmarmelade
500 ml Orangensaft, frisch gepresst
4 TL Zucker
16 cl Marillenschnaps
Butter

Walnusseis

2 Eidotter, 1 Ei
125 g Zucker
5 g Vanillezucker
400 ml Milch
125 ml Schlagobers
5 g Speisestärke
125 g Walnüsse, gehackt

Marillen: Die Buchkirchner-Schartner Edelobst Marillen halbieren und in Butter anrösten, Zucker dazugeben und karamellisieren lassen. Mit dem Marillenschnaps ablöschen und flambieren. Danach mit Orangensaft aufgießen und die Marillenmarmelade beigeben. Einkochen, bis die Marillen weich sind.

Walnusseis: Eidotter, Ei, Zucker, Vanillezucker und Speisestärke zusammen in eine Schüssel geben und homogen verrühren. Die Milch langsam erhitzen und die Mischung in die warme, nicht kochende Milch einrühren. Beides unter ständigem Rühren erhitzen, bis die Masse anzuziehen beginnt. Dann für etwa 30 Sekunden mit einem Mixer aufrühren. Anschließend das geschlagene Obers und die Walnüsse unterziehen und die Masse auf Kühlschranktemperatur abkühlen lassen. In die Eismaschine geben oder im Gefrierschrank frosten.

Anrichten: Die warmen Marillen gemeinsam mit dem Walnusseis und einigen Nüssen auf einem vorgewärmten Teller anrichten.

Rezept für 4 Personen

PROFITIPP: Das Buchkirchner-Schartner Edelobst ist vielseitig. Versuchen Sie statt Marillen doch auch einmal Kirschen.

Schwierigkeitsgrad: leicht
Zubereitungszeit: 4 Stunden inklusive Ruhezeit

DIE INSEL DES GENUSSES AUF 2000 METERN SEEHÖHE

Rinder findet man selten auf Inseln. Aber wenn doch, dann müssen sie außergewöhnlich sein — wie das **Nockberge Almrind**. Denn das kommt von den grünen Inseln inmitten der Klippen der Kalkalpen.

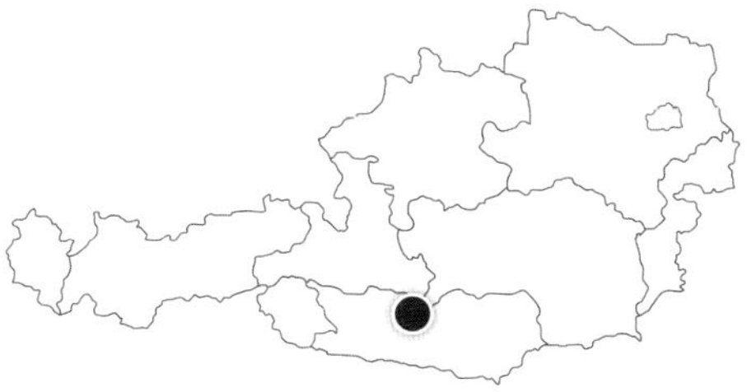

Die Nockberge mit ihren sanft gerundeten Bergen und Kuppen bilden den krassen Gegensatz zu den kargen Gipfeln des Tauerngebirges. Eben eine grüne Insel, eine Insel des Genusses, abgegrenzt im Westen durch das Liesertal, im Süden durch das Gegendtal sowie im Osten durch das Gurktal.

Und genau hier, im Norden Mittelkärntens, auf den grünen Almen und saftigen Weiden wächst das Nockberge Almrind zur Genussreife heran. Die große Vielfalt an Gräsern und aromatischen Almkräutern in diesem Gebiet, das seit 1987 eingerichteter Nationalpark ist, bildet einen Eckpfeiler des einzigartigen Geschmacks des Nockberge Almrindes. Mindestens einen Sommer lang verbringt es nämlich inmitten dieser herrlichen Bergwiesen – und das schmeckt man auch. Ob man nun auf einer Insel ist oder in Wien.

www.genuss-region.at/nockberge-almrind

VERWÖHN-PROGRAMM AUF DEN TELLERN

Thermenhotel Ronacher
Thermenstraße 3
A-9546 Bad Kleinkirchheim
Tel.: +43 (0) 42 40/282
E-Mail: thermenhotel@ronacher.com
www.ronacher.com

Wellnessen kann man im **Thermenhotel Ronacher** in Bad Kleinkirchheim auf höchstem Niveau, doch „well essen" ebenso: **Michael Oberrauter** bringt leichte Küche auf den Tisch, die nicht nur schmeckt, sondern auch guttut.

Wer bei Simone Ronacher kulinarisch punkten will, der muss mehr mitbringen als nur Können. Schließlich ist die Chefin des Thermenhotels Ronacher in Bad Kleinkirchheim niemand Geringere als die Tochter von Österreichs Ausnahmeköchin Johanna Maier. Michael Oberrauter, der Chef de Cuisine des 5-Sterne-Hotels, kann definitiv mehr. Spannende Kompositionen, ausgewogene und aromatische Kreationen sind das Spielfeld des Gault-Millau-prämierten Kochs. Doch neben dem absoluten Geschmacksanspruch liegt sein Fokus auch auf gesunder Ernährung, jedoch immer mit genussvollem Augenzwinkern. Seine Küchenphilosophie: „Die Kunst des Kochens ist es, nicht aus teuren Produkten etwas Gutes zu kochen, sondern aus einfachen Lebensmitteln etwas sehr Gutes.“ Und das können nicht nur Simone Ronacher und die Gourmetkritiker bestätigen.

Gebratenes Entrecote vom Nockberge Almrind

mit noblem Kärntner Ritschert und Trüffel

Entrecote

4 Scheiben Bauchspeck
2 Entrecotes vom Nockberge Almrind à 300 g
Olivenöl, Butter
Salz, Pfeffer, Basilikum, Kerbel, Thymian

Kärntner Ritschert

150 g Zwiebeln, fein geschnitten
1½ l Rindsfond
250 g Rollgerste, eingeweicht
250 g Erdäpfel
250 g Wurzelgemüse
150 g mageren Kochschinken
100 g weiße Bohnen, gekocht.
150 g Lauch, in Streifen geschnitten
Liebstöckel, Salz, Pfeffer, Knoblauch, Kerbel
Maismehl, Butter

Karottenmark

200 g Karotten, geschält und fein geschnitten
500 ml Flüssigkeit
Salz, Pfeffer, Zucker
Olivenöl

Garnitur

Kerbel, Thymian, Basilikum, Trüffel, Trüffelöl,

Entrecote: Die Beiriedschnitten vom Nockberge Almrind würzen und in Olivenöl auf den Punkt braten. Die Bauspeckscheiben kurz anbraten und warm stellen.
Auf einen Teller geben, mit Butter und den frischen Kräutern bedecken und etwas rasten lassen. Im Backofen bei 70 °C warm stellen.

Kärntner Ritschert: Die geschnittenen Zwiebeln und den in 0,5 cm große Würfel geschnittenen Schinken in Butter kurz anglasieren, mit Weißwein ablöschen und mit dem Fond aufgießen. Die eingeweichte Rollgerste ausschwemmen, bis die Trübstoffe entfernt sind, danach in den Fond geben und langsam köcheln lassen.
Wenn die Rollgerste noch etwas körnig ist, die in 1 cm große Würfel geschnittenen Erdäpfel, die blanchierten Bohnen und das in Rauten geschnittene Wurzelgemüse beigeben.
Noch kurz etwas köcheln lassen und – falls notwendig – das Ritschert mit Maismehl sämig abziehen und mit Salz, Pfeffer, Liebstöckel und Kerbel verfeinern. Abschließend die Lauchstreifen untermengen.

Karottenmark: Karotten so lange kochen, bis sie ganz weich sind. Haben sie die gewünschte Konsistenz, die Karotten in ein Mixglas geben und mit Olivenöl und Flüssigkeit bedecken, fein aufmixen und würzen.

Anrichten: Karottenmark in der Mitte des Tellers verteilen und das Kärntner Ritschert in der Mitte erhöht anrichten. Das Entrecote in Scheiben schneiden und fächerförmig auflegen.
Mit frischen Kräutern, gebratenem Bauchspeck verfeinern und mit gehobelter Trüffel und Trüffelöl fertigstellen.

Rezept für 4 Personen

PROFITIPP: Wer experimentierfreudig ist, der kann anstatt Karotten auch Pastinaken zu einem Mark verarbeiten.

Schwierigkeitsgrad: mittel
Zubereitungszeit: 1½ Stunden

DEM SPECKHIMMEL SO NAHE

Der Geschmack steckt im Detail, beim **Gurktaler Luftgeselchten Speck** im köstlichen Fettrand. Denn dort findet sich das ganze Aroma des Gurktals wieder.

Seit wann genau es den Gurktaler Luftgeselchten Speck gibt, das kann wohl niemand so genau sagen. Denn schon in früheren Jahrhunderten findet man Texte über die Erzeugung von Speck im ursprünglichsten Tal Kärntens, dem Gurktal. Bis heute wird das Wissen um die Herstellung und die Verwendung der speziellen Gewürze von Generation zu Generation weitergetragen. Damals noch im sogenannten Speckhimmel über dem Getreidelager zum Lufttrocknen aufgehängt, reift das eingesalzene und gewürzte Fleisch der hier gezüchteten Schweinerassen bis zu 10 Monate und entwickelt dabei seinen charakteristisch feinen Geschmack. Je größer der Speckrand, umso besser für den Gurktaler Luftgeselchten Speck. Traditionell gerne mit noch ein bisschen mehr, aber schließlich bringen die mit Roggen und Gerste gefütterten Schweine ja auch mindestens 120 Kilogramm auf die Waage und bei manchen sind es sogar bis zu 400.

www.genuss-region.at/gurktaler-luftgeselchter-speck

EIN ZWEITES ZUHAUSE AUF ZEIT

Hotel-Restaurant Prechtlhof
Familie Kraßnitzer
Schobitzstraße 1
A-9330 Althofen
Tel.: +43 (0) 42 62/26 14
E-Mail: hotel@prechtlhof.com
www.prechtlhof.com

Landhausromantik pur bietet das **Hotel-Restaurant Prechtlhof** im kärntnerischen Althofen. Denn Patron und Chefkoch **Leopold Kraßnitzer** führt sein Haus frei nach dem Motto: „Probier's mal mit Gemütlichkeit ..."

Was im Dschungel Indiens ein gutes Konzept war, ist in Althofen in Kärnten zur Perfektion gebracht worden. Die Familie Kraßnitzer, allen voran Leopold und Birgit, schafft mit ihrem Hotel-Restaurant Prechtlhof eine Wohlfühloase und verpflichtet sich seit 1968 zu traditioneller Gastlichkeit. Leopold Kraßnitzer, seines Zeichens Küchenchef, hat sein Herz zudem an das Wild verloren. Dieses wird, Weidmannsheil, von ihm selbst erlegt und zu einer seiner Köstlichkeiten verwandelt. Garniert mit saisonalen Highlights, regionalen Besonderheiten, hochwertigen Ölen und frischen Kräutern ist der Prechtlhof schon längst zu einem Gourmetmagneten geworden. Anziehend auch die Weinkenntnisse von Birgit Kraßnitzer, der diplomierten Sommelière. Ihre Empfehlungen runden die vielseitigen und schmackhaften Kreationen aus der Küche mit einem edlen Tropfen aus dem hauseigenen Weinkeller ab.

Medaillons vom Metnitztaler Maibock

umwickelt mit Gurktaler Luftgeselchten Speck und gratinierten Krappfelder Erdäpfeln

Medaillons

800 g Maibockrücken, zugeputzt
8 Scheiben vom Gurktaler Luftgeselchten Speck
1 EL Olivenöl
Salz, Pfeffer, Senf

Bärlauchbutter

Butter
Zitronensaft
Worcestersoße
Weinbrand
gehackter Bärlauch
Petersilie
Salz, Pfeffer

Gratinierte Krappfelder Erdäpfel

250 g Erdäpfel
Bèchamelsoße
Salz, Pfeffer, Rosmarin, Thymian

Medaillons: Den Rücken vom Maibock auslösen, zuputzen und pro Person 2 Medaillons zu je 100 g portionieren. Diese anschließend plattieren und mit Salz, Pfeffer und Senf würzen. Die Medaillons mit Gurktaler Luftgeselchtem Speck umwickeln und in Olivenöl kurz auf beiden Seiten scharf anbraten. Anschließend aus der Pfanne nehmen und im Backofen bei 120 °C etwa 6 Minuten fertig garen.
Kurz vor dem Anrichten aufgeschäumte Bärlauchbutter über die Medaillons nappieren.

Bärlauchbutter: Die Butter schaumig rühren, leicht salzen und pfeffern. Zum Verfeinern Zitronensaft, Worcestersauce, Weinbrand, gehackten Bärlauch sowie Petersilie untermischen. Die Masse in einen Spritzbeutel füllen und Rosetten auf Papier aufspritzen. Portionsweise einkühlen.

Gratinierte Krappfelder Erdäpfel: Die Erdäpfel schälen, in 4 mm dicke Scheiben schneiden und in einer gebutterten Kasserolle gleichmäßig verteilen, sodass die Schichtung in etwa 3 cm beträgt. Mit Salz, Pfeffer, Rosmarin und etwas Thymian würzen und anschließend mit nicht zu dickflüssiger Bèchamelsoße übergießen, die Erdäpfel sollen von der Bèchamelsauce leicht bedeckt sein. Im Backofen bei 180 °C goldbraun backen.

Anrichten: Je 2 Medaillons auf dem Teller platzieren und darauf eine Portion Bärlauchbutter geben. Das Gratin daneben setzen und das Gericht mit Bärlauchpesto und Rosenpfeffer garnieren. Wahlweise kann als Beilage noch Spargel gereicht werden.

Rezept für 4 Personen

PROFITIPP: Nachdem die Medaillons mit dem Gurktaler Luftgeselchten Speck umwickelt sind, auf einen Spieß aufstecken, damit sich der Speck nicht löst.

Schwierigkeitsgrad: mittel
Zubereitungszeit: 1 Stunde

MEIN LIEBLING IST BLOND

Marilyn Monroe wusste es: Blondes have more fun. Und den hat das **Mittelkärntner Blondvieh** auf den schönen südlichen Weiden bestimmt. Starrummel inklusive: Kaiser Franz Josef war der größte Fan.

Das Mittelkärntner Blondvieh ist wieder in Mode. In kaiserlichen Zeiten war diese Rinderrasse das, was das Koberind heute ist: eine Delikatesse der besonderen Art. Kaiser Franz Josef bestand darauf, dass sein Tafelspitz ausschließlich vom Fleisch dieser Rinder stammte. Doch mit dem Untergang der Monarchie geriet das Mittelkärntner Blondvieh in Vergessenheit. Fast wären die semmelblonden Tiere aus dem Dreieck zwischen St. Veit an der Glan, Friesach und St. Andrä im Lavanttal von der kulinarischen Landkarte verschwunden. Heute zählt ihr Fleisch wieder zu den besten des Landes und ist ein Insidertipp unter Gourmets.

Das Geheimnis des Blondviehfleisches: der besonders hohe Anteil an intramuskulären Fetteinlagerungen. Diese machen das Fleisch geschmackvoll und saftig. Der längere und gedrungene Wuchs lässt zudem einen etwas höheren Anteil an Gustostückerln zu. Eben ein Stückerl mehr kaiserlicher Genuss.

www.genuss-region.at/mittelkaerntner-blondvieh

DARF'S EIN BISSAL KREATIVER SEIN?

Brunnwirt Kassl
Hotel | Restaurant | Catering
Unterer Markt 2
A-9334 Guttaring
Tel.: +43 (0) 42 62/81 25
E-Mail: brunnwirtkassl@aon.at
www.kassl-brunnwirt.at

Seit sieben Generationen wird im **Brunnwirt Kassl** von der Familie Kassl aufgekocht. Heute sind es **Ferdinand Kassl** und seine Mutter Grete, die mit den Küchengeheimnissen von damals, südlichem Flair und gut sortiertem Weinkeller die Feinspitze von heute überzeugen.

Kreativität ist gefragt. Und das konsequent seit 1852. In diesem Jahr wurde nämlich in Guttaring, einem kleinen Ort in Mittelkärnten, der Brunnwirt Kassl eröffnet. Heute ist es das erste Haus am Platze und die von Ferdinand Kassl gelebte und gekochte Kombination aus Tradition und Originalität von Gourmetführern anerkannt. Die Stärken des Familienbetriebes liegen aber nicht nur in den kreativ-versierten Händen von Ferdinand Kassl, sondern auch in den Produkten, die verwendet werden. Aufgetischt werden Produkte aus der hauseigenen Fleischerei, von den Nachbarsbauernhöfen, Jägern und den Genuss Regionen der Umgebung.

Süß wird es, wenn Mutter Grete Kassl am Herd steht. Ihr Können in puncto Nachspeisen ist bekannt und die Senior-Chefin dressiert konkurrenzlos Klassiker wie Kärntner Reindling oder saftige Cremeschnitten.

Zartrosa Beiried vom Mittelkärntner Blondvieh

mit herbstlichen Pilzen, gebratenen Erdäpfeldukaten und buntem Gemüse

Beiriedschnitten

4 Scheiben Beiried à 200 g vom Mittelkärntner Blondvieh
Salz, Pfeffer, Olivenöl
frische Kräuter, Honig
100 g kalte Butter
Rotwein, Rindsfond

Pilze

250 g Pilze, gemischt
Olivenöl

Erdäpfeldukaten

300 g Erdäpfel, grob gehobelt
1 Dotter
Salz, Pfeffer, Muskat, Olivenöl

Gemüse

100 g Kohlblätter
100 g Rettich
100 g Karotten
frische Kräuter
Olivenöl
Salz, Pfeffer

Beiriedschnitten: Für die Beiriedschnitten vom Mittelkärntner Blondvieh die zugeputzten Scheiben mit Salz und Pfeffer würzen und in der Pfanne mit Butter beidseitig knusprig anbraten. Die Beiriedschnitten mit frischen Kräutern bestreuen und zusätzlich mit etwas Honig beträufeln. Die so verfeinerten Schnitten für etwa 5 Minuten bei 180 °C in das vorgewärmte Backrohr geben.
Für die Sauce nach dem Anbraten der Beiriedschnitten die heiße Butter in der Pfanne mit Rindssuppe und etwas Rotwein aufgießen und mit kalter Butter glacieren.

Pilze: Die gemischten Pilze gut putzen und mit etwas Olivenöl in einer Pfanne kurz anschwenken.

Erdäpfeldukaten: Für die Erdäpfeldukaten die grob gehobelten Erdäpfel mit dem Dotter vermischen. Anschließend die Masse mit Salz, Pfeffer und Muskat würzen und in kleine Dukaten formen. Die Erdäpfeldukaten nun in Olivenöl goldbraun braten.

Gemüse: Das bunte Gemüse in mundgerechte Stücke schneiden, die Karotten und den Rettich wahlweise zu Julienne verarbeiten. In einer Pfanne mit etwas Olivenöl schwenken.

Anrichten: Die Beiriedschnitte vom Mittelkärntner Blondvieh in Tranchen schneiden und gefächert auf dem Teller auflegen. Mit den Pilzen und dem Gemüse garnieren, die Erdäpfeldukaten auf den Teller legen und mit der Sauce beträufeln.

Rezept für 4 Personen

PROFITIPP: Für dieses Gericht empfiehlt Ferdinand Kassl ein Stück Fleisch vom Mittelkärntner Blondvieh mit ein wenig Fettrand.

Schwierigkeitsgrad: leicht
Zubereitungszeit: 45 Minuten

HASSLER'S APFELWEIN
Bohnapfel
Apfelwein Wiltshire
Apfelmost
HASSLER'S APFELWEIN BOHNAPFEL
Apfel Most
Apfelwein Schweizer Glockenapfel
Apfelwein Kronprinz Rudolf
Apfelwein BRUNNER
LFS
Apfelmost
Jonathan

DER APFEL DES ANSTOSSE(N)S

Der **Lavanttaler Apfelwein** und das Stift St. Paul haben eine gemeinsame Geschichte. Und eine Gemeinsamkeit: Irgendwie steckt bei beiden der Heilige Geist drin.

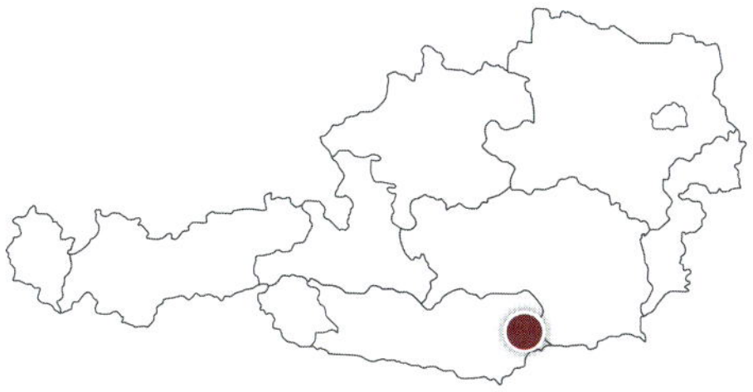

Als das Stift St. Paul 1091 gegründet wurde, kam die Obstproduktion auch in Schwung und hat sich bis heute nicht aufgehört zu drehen. Streuobstwiesen auf über 1000 Metern Seehöhe mit Bohnapfel, Maschansker, Brünnling oder Renetten auf Hochstammbäumen liefern die Äpfel für herrlichen Apfelwein, eines der traditionellsten Getränke Österreichs. Wie schon die Mönche von anno dazumal, schüttelt man noch heute das Obst von den Bäumen. Damit der Lavanttaler Apfelwein später richtig golden und glänzend ins Glas läuft, sind die Qualität und die Pflege der Streuobstbäume, der optimale Erntezeitpunkt und die rasche Weiterverarbeitung unabdingbar. Doch nach 900 Jahren Übung gelingt das den Mostbauern aus dem Effeff und so werden aus den gefallenen Früchtchen großartige Mostbarkeiten. Und da die Kirche heilig genug ist, ist in der Flasche nicht zu viel Geist: 4 bis 8 Volumenprozent machen ihn zum idealen Durstlöscher.

www.genuss-region.at/lavanttaler-apfelwein

DAS DREIMÄDERLHAUS MIT PFIFF

Landgasthof Loigge
Hauptstraße 19
A-9470 St. Paul im Lavanttal
Tel.: +43 (0) 43 57/20 56
E-Mail: office@loigge.net
www.loigge.net

In dem ehemaligen Stiftsgebäude residiert seit über 80 Jahren die **Familie Loigge**. Und nun hat Mutter Inge mit den Töchtern Elvira und Tina den **Landgasthof Loigge** zur kulinarisch-sonnigen Insel mitten in St. Paul ausgerufen.

Die hübscheste Demokratie Kärntens hat ihren Sitz in St. Paul und das zu regierende Land ist der Landgasthof Loigge. Mutter Inge ist die Innenministerin, Tochter Elvira hat die Finanzen über und Tina versteht sich selbst als die Außenministerin des Gasthofs. Die Farbe der Flagge: bunt. Denn Tina Loigge ist nicht nur Gastgeberin, sondern auch Künstlerin, die es sich zur Aufgabe gemacht hat, dem Gasthof Leben einzuhauchen – oder besser: aufzupinseln. Kreativität meets Kulinarik. So genießt man in jeweils andersfarbigen Räumen wie dem orangen Salon Kärntner und österreichische Schmankerln und natürlich auch die Produkte der Mostbarkeiten. Etwas anderes würde dem Frauen-Trio nicht auf den Herd kommen. Alles getreu dem Landesmotto des Loigge-Clans: „Man muss nicht in die Ferne schweifen, sondern nur sehen, was rund um einen Tolles da ist."

St. Pauler Mostschaumsuppe

mit Schwarzbrot-Chip

Mostschaumsuppe
1 Apfel
¼ Sellerie
1 Karotte
½ Zwiebel
150 g Butter
500 ml Rindsuppe
500 ml Lavanttaler Apfelwein
250 ml Schlagobers
1 EL Mehl
Salz, Pfeffer

Schwarzbrot-Chip
4 ganz dünne Scheiben Brot
Olivenöl

Mostschaumsuppe: Die Zwiebel mit dem klein gewürfelten Gemüse in Butter anrösten und mit dem Mehl stauben. Den Apfelwein aufgießen und einmal aufkochen lassen. Anschließend die Rindsuppe und den Schlagobers dazugeben und alles so lange kochen, bis das Gemüse weich ist. Danach aufmixen und mit Salz und Pfeffer nach Belieben würzen.

Schwarzbrot-Chip: Für den Chip das Brot in der Pfanne oder im Toaster leicht mit Olivenöl anbraten.

Anrichten: Die Suppe in einen Teller gießen, den Schwarzbrot-Chip auflegen und mit Karottenraspeln und frischen Kräutern dekorieren.

Rezept für 4 Personen

PROFITIPP: Um dem Gericht eine mediterrane Note zu geben, mit ein wenig Balsamico-Reduktion finalisieren.

Schwierigkeitsgrad: leicht
Zubereitungszeit: 30 Minuten

GENUSS AUF DEN LAIB GESCHNEIDERT

Goldig, rund und zum Prüfen wird einmal reingebissen. Nein, jetzt ist nicht von Golddukaten die Rede, sondern vom **Gailtaler Almkäse g.U.**. Aber der ist mindestens genauso wertvoll.

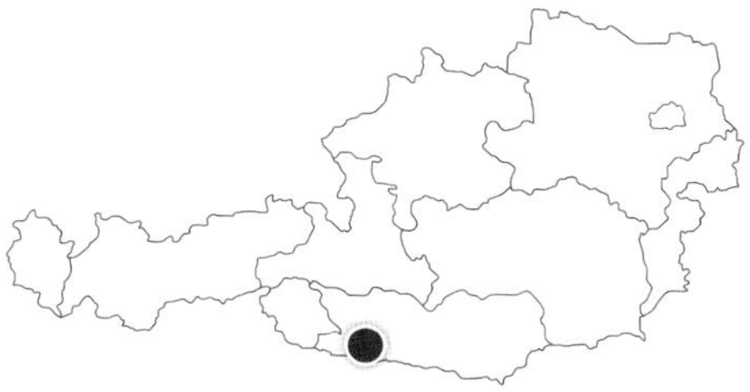

1375 erwähnte der Graf von Görz in seinem Urbar den Käse aus dem Gailtal das erste Mal, 1976 stellte man Untersuchungen an, warum denn gerade dieser Käse so ein außergewöhnlich gutes Aroma habe. Die Antwort: Entlang der nördlichen und südlichen Bergflanken des Oberen Gailtales findet die alpine Milchwirtschaft die besten Bedingungen. Verschiedenste Kräuter und Gräser, viel Sonnenschein und Regen sind die ein Sache, die andere jedoch das Können der Käsemacher. Von Generation zu Generation wurde das Wissen um die Auswahl der Weideplätze bis hin zum Einfluss des Wetterverlaufs auf den Käsereiprozess weitergegeben. So reifen die bis zu 35 Kilogramm schweren Laibe des Gailtaler Almkäses g.U. mindestens fünf Wochen unter den wachsamen Augen der Senner und Sennerinnen, bevor die goldig-glänzende Naturrinde angeschnitten werden darf, um ein Stück des würzig-aromatischen Käses zu kosten.

www.genuss-region.at/gailtaler-almkaese

NORMAL SOLLEN DIE ANDEREN SEIN

Restaurant Pavillon
Seecorso 8
A-9220 Velden
Tel.: +43 (0) 42 74/511 09
E-Mail: stefan@sternad-velden.at
www.sternad-velden.at

Der wahre Verfechter des guten Geschmacks braucht kein Chichi. Wie **Stefan Sternad** aus dem **Restaurant Pavillon** in Velden. Denn, was von vornherein gut schmeckt, muss nur noch in die richtige Form gebracht werden.

Das Showlaufen am Veldener Seecorso hat lange Tradition, das Einkehren in einem der kulinarischen Hotspots ebenso. Seit 1989 ist das Restaurant Pavillon der Familie Sternad einer davon und bereits damals lautete die Devise: „Einfach – ehrlich – unverfälscht". Der Star ist das Produkt, Regionales wird forciert und gelebt. Sohn Stefan Sternad hat dieses Motto zu seiner Kochphilosophie gemacht und dem noch einen Hauch Italien hinzugefügt. So stellt sich das im Jahr 2008 neu renovierte Restaurant Pavillon als eine Mischung aus italienischer Trattoria und Kärntner Wirtshauskultur vor. Was man auch am gut gefüllten Weinkeller erkennt: 400 Flaschen vorrangig aus Österreich und deren südlichen Nachbarn lagern dort und das in allen Größen und Formen. Von der 0,75-Liter-Flasche bis hin zur 18-Liter-Balthasar-Kaliber. Stefan Sternad möchte eben alles sein, nur nicht wie die anderen.

Rosa gebratene Lammkrone mit Chili-Polenta-Kruste

& Frigga-Interpretation, dazu Kräuter-Sauerrahm, confierte Strauchtomaten und Romanesco-Röschen

Lammkrone

4 Lammkronen mit Knochen à 250 g
Rosmarin, Honig, Öl

Chili-Polenta-Kruste

50 ml Schlagobers
50 ml Milch
1 EL Tomatenmark
30 ml Gemüsebrühe
½ Chilischote
1 EL Honig
15 g Polenta
Salz, Pfeffer

Frigga-Interpretation

250 g Gailtaler Almkäse g.U.
50 g Lauch, in Streifen geschnitten
50 g Kürbiskerne
100 g Speck
einige Scheiben Schwarzbrot, fein
Salz und Pfeffer aus der Mühle

Kräuter-Sauerrahm

125 ml Sauerrahm
125 ml Joghurt
Schnittlauch, Kerbel, Basilikum, Petersilie, Knoblauch, Salz, Pfeffer

Confierte Strauchtomaten und Romanesco

8 Strauchtomaten
Rosmarin, Knoblauch, grobes Meersalz, Öl
Romanesco

Lammkrone: Die Lammkronen in Öl, Rosmarin, Honig und dem Chilipulver mindestens 6 Stunden marinieren. Anschließend das Lamm in einer Pfanne scharf anbraten und es zum Rasten beiseite stellen.

Chili-Polenta-Kruste: Alle Zutaten für die Kruste gemeinsam aufquellen und kurz aufkochen lassen. Die Masse auf ein Backpapier aufstreichen, abkühlen lassen und in Streifen schneiden.
Die Streifen nun auf die Kronen aufbringen und bei 220 °C Oberhitze 5 Minuten in den Ofen geben.

Frigga-Interpretation: Den Speck in einer Pfanne mit den Lauchstreifen und Kürbiskernen anrösten. Den Gailtaler Almkäse g.U. beigeben, schmelzen lassen und mit Salz und Pfeffer aus der Mühle abschmecken.
Hauchdünne Schwarzbrotscheiben im Ofen trocknen.

Kräuter-Sauerrahm: Alle Zutaten gut miteinander vermengen.

Confierte Strauchtomaten und Romanesco: Strauchtomaten mit Öl auf Backpapier bestreichen und in den auf 80 °C vorgeheizten Ofen geben. Rosmarin, Knoblauchzehen und grobes Meersalz auf das Blech geben. Romanesco in „Röschen" zerteilen und etwa 15 Minuten im Salzwasser gar kochen und im Eiswasser abschrecken. Vor dem Anrichten in Butter schwenken!

Anrichten: Die hauchdünnen Schwarzbrotscheiben mit den noch warmen Frigga-Interpretationen belegen und gemeinsam mit einer Lammkrone auf dem Teller platzieren. Mit den confierten Strauchtomaten und den Romanesco-Röschen garnieren. Den Kräuter-Sauerrahm in einem Schälchen dazustellen.

Rezept für 4 Personen

PROFITIPP: Eine extravagante Note bringt eine „Käseluft". Dazu Cremesuppe oder eine Sauce von Gailtaler Almkäse g.U. zubereiten, aufschäumen und die „Luft" anrichten!

Schwierigkeitsgrad: mittel
Zubereitungszeit: 6 Stunden inklusive Ruhezeit

EINEN FLÜGELSCHLAG VOM GENUSS ENTFERNT

Vergil schrieb über einen sanftmütigen Bienenstamm im Süden Kärntens. Gekostet hat er den **Rosentaler Carnica Honig** auch. Darüber ist er dann ins Schwärmen geraten.

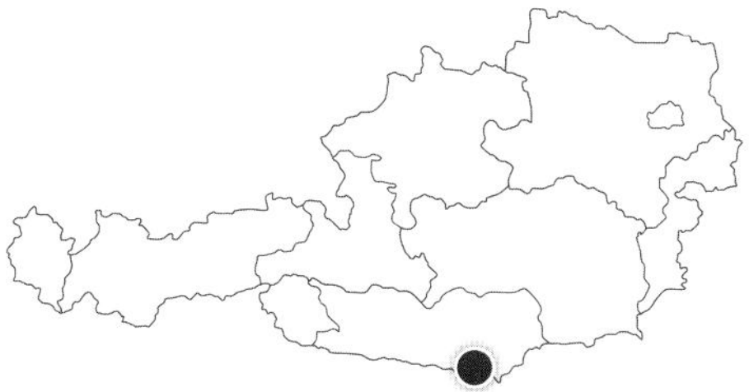

Seit Jahrhunderten fliegt die Carnica-Biene bereits über die blühenden Wiesen und durch die Wälder des Rosentals. Auffallend hellgrau gestreift und besonders sanftmütig, ist sie als Bergbiene perfekt auf das Klima zwischen der Sattnitz und den Karawanken eingestellt. Und immer auf der Suche nach dem besten Nektar. Der kommt als süß-klebrige Köstlichkeit in die Gläser. Der Wiesenhonig erhält sein Aroma aus dem üppigen Bouquet verschiedenster Blüten, typischerweise mit einer besonderen Note des Wiesensalbeis, des Löwenzahns und der Lindenblüte. Seine Farbe glänzt gelb bis karamell. Weit über die Grenzen bekannt ist der Rosentaler Waldhonig der Carnica-Biene. Im Glas dunkelbernsteinfarbig, im Geschmack kräftig, würzig, etwas herb und mit nur wenig Süßkraft. Doch der Rosentaler Carnica Honig ist nicht nur ein Genuss, sondern auch ein altes Heilmittel und gilt als Energielieferant für Körper und Geist.

www.genuss-region.at/rosentaler-carnica-honig

KÄRNTNER KULINARIK MIT KNIFF

Hotel & Spa Bleibergerhof
Drei Lärchen 150
A-9530 Bad Bleiberg ob Villach
Tel.: +43 (0) 42 44/22 05
E-Mail: bleibergerhof@falkensteiner.com
www.falkensteiner.com

Schon als Kind blickte **Georg Klammer** in den Kochtopf der Oma. Nach Aufenthalten in England, Spanien und Deutschland kehrte er nach Kärnten zurück und verwöhnt nun die Gäste im **Hotel & Spa Falkensteinerhof** mit seiner Haubenküche. Und manchmal auch seine Oma.

Es war der französische Philosoph René Descartes, der bemerkte, dass er denke und somit auch sei. Der Kärntner Haubenkoch Georg Klammer macht uns da die Sache schon ein wenig einfacher. Sein Motto: „Ich genieße, also bin ich." Und zu genießen gibt es bei ihm allerlei. Spezialitäten aus dem Alpe-Adria-Raum werden mit Phantasie und handwerklicher Präzision zu kulinarischen Hochgenüssen, bodenständige Kärntner Traditionsgerichte verbindet er mit ausgefallenen Zutaten zu neuen, leichten Geschmackshighlights. Der hauseigene Kräutergarten wird dabei zur Schatzgrube intensiver Aromen. Um das Geschmackserlebnis abzurunden, serviert Sommelier Jürgen Haslinger Weine, von denen einige auch aus Kärntner Trauben gewonnen wurden, sowie mit viel Know-how selbst gebrannten Schnaps.

Eingedeckte Rosentaler Carnica Honig-Mousse

mit Lavendel und Honiggelee

Honigmousse

1 Ei
1 Eigelb
60 g Rosentaler Carnica Honig
125 ml Milch
1 EL Lavendelblüten
1½ Blatt Gelatine
125 ml Schlagobers

Honiggelee

2 EL Wasser
1 EL Honigschnaps
1 EL Rosentaler Carnica Honig
1 Blatt Gelatine

Honigmousse: Die Milch erhitzen, den Lavendel zugeben und ziehen lassen. Anschließend abseihen, die Eier versprudeln und in die Milch einrühren. Die Masse sofort vom Herd nehmen, damit das Ei nicht ausflockt. Die Gelatine zugeben und kalt rühren. Den Honig beigeben und den geschlagenen Obers unterziehen. In Formen füllen und kalt stellen.

Honiggelee: Wasser, Honig und Schnaps einmal aufkochen und die Gelatine zugeben. Abkühlen lassen und auf die Honig-Lavendel-Mousse gießen. Anschließend für etwa 3 Stunden kalt stellen.

Anrichten: Die Mousse vorsichtig aus dem Förmchen geben und in der Mitte des Tellers platzieren. Wahlweise mit einer Schokostange anrichten.

Rezept für 4 Personen

PROFITIPP: Um der Mousse eine elegante Note zu geben, zweifarbiges Biskuit auf eine Dekormatte aufbringen und anschließend in die Mousseform legen.

Schwierigkeitsgrad: mittel
Zubereitungszeit: 3½ Stunden inklusive Ruhezeit

ROYALES VOM BAUERNHOF

Wenn es einen König und eine Prinzessin gibt, dann muss es auch einen Staatsschatz geben. In diesem Falle: die **Jauntaler Salami**. Wird von Bauern gemacht, schmeckt königlich.

Wenn sich auf dem Boden haufenweise Knoblauchschalen türmen, dann ist Salamihochzeit im Jauntal. Seit Jahrhunderten wird diese Delikatesse aus reinem Schweinefleisch, Knoblauch und Gewürzen nach den geheimen, hofeigenen Rezepturen der Jauntaler Bauern hergestellt. Überliefertes Wissen über die richtige Haltung und Fütterung der Schweine, erfahrene Hände in der Produktion und Reifung sind dabei die Insignien des königlichen Genusses. Damit die Salami so schmeckt, wie sie schmeckt, wird das Schweinefleisch samt feinen Speckwürfeln mild über Buchenholz aus den Wäldern der Petzen geräuchert. Nach acht Wochen hält man die Königin der Würste, wie die Jauntaler Salami im 7-Seen-Gebiet genannt wird, in Händen. Harmonisch abgerundete Würze und der feine, ausgereifte Fleischgeschmack sind charakteristisch für die Salami. Der Knoblauch und das Buchenholz verleihen dabei die unverwechselbare bäuerliche Note.

www.genuss-region.at/jauntaler-salami

DIE GUTE KOST EINES HAUSMANNES

Landgasthof Pucher
Tomasin & Partner KG
Völkermarkter Straße 8
A-9141 Eberndorf
Tel.: +43 (0) 42 36/22 84
E-Mail: info@landgasthof-pucher.at
www.landgasthof-pucher.at

Im **Landgasthof Pucher,** direkt am Fuße des Stiftshügels von Eberndorf, hüllt **Markus Tomasin** kulinarische Klassiker in neues Gewand. Auspacken ist da mehr als erlaubt!

Markus Tomasin ist ein Mann, der die kulinarischen Feste feiert, wie sie fallen. Das Gute daran: Er lädt die Gäste des Landgasthofs Pucher ein, sich ihm anzuschließen. Je nach Laune oder Saison wechselt da die Karte von Wild auf Fisch oder Rind. Im Herbst darf das Ganslessen nicht fehlen. Aber egal, auf welchen lukullischen Genuss sich Markus Tomasin gerade konzentriert, das gewisse Extra ist immer dabei. Der junge Kreativ-Koch zelebriert die traditionelle Hausmannskost und stellt dabei die Kärntner Schmankerln ins Scheinwerferlicht. Romantischer Kerzenschein erwartet die Gourmets und Gäste hingegen im Schmuckstück des Hauses, dem Weinkeller. 1630 erbaut, wurde das alte Gewölbe in Kleinstarbeit renoviert und ist nun nicht nur exquisites Speisezimmer, sondern beherbergt mehr als 80 österreichische und internationale Spitzenweine.

Roulade mit Jauntaler Salami in Kürbiskernpanade

auf Eierschwammerlrisotto

Salami-Roulade

4 Schweineschnitzel à 180 g
100 g Jauntaler Salami
200 g Käsescheiben
Mehl, Ei, Brösel,
gehackte Kürbiskerne für Panade
Salz, Pfeffer
Öl

Eierschwammerlrisotto

150 g Risottoreis
50 g Eierschwammerl
20 g gehackte Zwiebel
125 ml Weißwein
500 ml Rindsuppe
30 g geriebener Parmesan
gehackte Petersilie
Olivenöl

Salami-Roulade: Die Schweineschnitzel dünn klopfen und mit Salz und Pfeffer würzen. Anschließend die Jauntaler Salami in dünne Scheiben schneiden, die plattierten Schnitzel mit der Salami und dem Käse belegen und zu einer Roulade zusammenrollen. Die Eier verquirlen und die Rouladen hintereinander in Mehl, den Eiern und dem Brösel-Kürbiskern-Gemisch panieren. Die Rouladen in Öl herausbacken, bis die Panade goldgelb ist.

Eierschwammerlrisotto: Die Zwiebel gemeinsam mit den Eierschwammerln in einen erhitzen Topf geben und mit Olivenöl so lange rösten, bis die Zwiebel glasig wird. Dann den Risottoreis hinzufügen und mit dem Weißwein ablöschen und der Rindsuppe aufgießen. Das Risotto etwa 20 Minuten dünsten und mit Parmesan und Petersilie vollenden.

Anrichten: Das Risotto in der Mitte des Tellers verteilen und die schräg halbierten Jauntaler Salami-Rouladen daraufsetzen. Wahlweise kann das Gericht mit Gemüse der Saison oder frischem Blattsalat serviert werden.

Rezept für 4 Personen

PROFITIPP: Anstatt der Eierschwammerln können auch Steinpilze verwendet werden.

Schwierigkeitsgrad: mittel
Zubereitungszeit: 45 Minuten

BILLY, BAMBI UND PYRA

Darf man vorstellen: Die drei rosa-roten Grazien. Besser bekannt als der **Jauntaler Hadn.** Dabei kommt der hübsche und köstliche Knöterich eigentlich aus der Mongolei. Eben heidengut, dieser Buchweizen.

Den Sarazenen und Tataren sei Dank, blüht seit dem 15. Jahrhundert zwischen der Mündung der Flüsse Vellach und Drau bei Goritschach und Schwabegg, im südöstlichen Teil des Klagenfurter Beckens, der Jauntaler Hadn. Und diesen unchristlichen Lieferanten verdankt er auch seinen Namen: Heiden, Heda oder eben Hadn. Wie man ihn auch nennt, das dreieckige Heidenkorn ist gebündelte Energie: Kalium, Eisen, Kalzium, Magnesium, Kieselsäure sowie die Vitamine B1, B2 und E stecken in dem braunen Samen. Aber kein Gluten, denn der Jauntaler Hadn ist weder mit Weizen noch einem Gras verwandt. Paradox, dass ihn jedoch genau der Weizen fast in Vergessenheit geraten ließ, denn im 16. und 17. Jahrhundert war der Buchweizen in der Kärntner Bauernküche nicht wegzudenken. Als Korn, Schrot oder Mehl ist er heute wieder zu haben. Glücklicherweise muss man so nicht mehr die Samen mit Holzschuhen von der Hülle trennen.

www.genuss-region.at/jauntaler-hadn

EIN WIRTSHAUS IM RESTAURANT

Restaurant Bachler
Silberegger Straße 1
A-9330 Althofen
Tel.: +43 (0) 42 62/38 35
E-Mail: restaurant@bachler.co.at
www.bachler.co.at

Zünftige Gespräche mit Gourmetküche untermalt? Das gibt es im **Restaurant Bachler.** Denn dort denkt **Gottfried Bachler** österreichische Küche weiter, ohne dabei zu vergessen, wie gemütlich ein Einkehrschwung sein kann.

Am Anfang war der Apfel. Oder besser die Grafensteiner-Apfelbäume. Denn die lenkten den Blick von Ingrid und Gottfried Bachler auf eine romantische Jugendstilvilla inmitten von Althofen. In dieser wird nun seit 1983 von Gottfried Bachler groß aufgekocht. Aber nicht aufgesetzt, sondern ganz in seinem unpreziösen Stil. Und der ist 100 Prozent selbst erlernt, österreichisch sowie phantasievoll. Aber immer mit einem Blick über den Tellerrand auf die internationale Gourmetszene. Doch so bodenständig, dass die Kärntner Wurzeln des Patrons auch im Kochtopf nicht verloren gehen. Garniert werden die saisonalen Schmankerln aus der Haubenküche mit der Weinauswahl von Ingrid Bachler. Österreichische Winzer und europäische Weingüter sind im hauseigenen Weinkeller vertreten. Und wer diesen als das vierte Kind bezeichnet, dem kann nur ein guter Wurf gelingen.

Palatschinke vom Jauntaler Hadn

mit Schaffrischkäse und Eierschwammerln

Palatschinke

4 EL Hadnmehl, fein gesiebt, aus der Genuss Region Jauntaler Hadn
1 kleines Ei
4 EL Milch
Olivenöl, Salz

Füllung

1 EL Lauch, in Streifen geschnitten
1 EL Paprika, in Streifen geschnittten
1 EL Zucchini, gewürfelt
1 EL Melanzani, gewürfelt
1 EL Eierschwammerln, in Streifen geschnitten
2 mittelgroße Tomaten
3 EL Schaffrischkäse
Salz, Pfeffer

Palatschinke: Die Milch und das Ei gut verrühren, salzen, das Hadnmehl langsam einrühren. Die Masse zu einem glatten, halbflüssigen Teig verarbeiten. Das Olivenöl in eine heiße Pfanne geben, den Teig einfließen lassen und auf beiden Seiten gut backen. Die fertige Palatschinke auf die Seite geben und warm stellen.

Füllung: Alle Zutaten in der genannten Reihenfolge sautieren und mit Salz sowie Pfeffer würzen.

Anrichten: Die Schaffrischkäse-Gemüse-Füllung in die Palatschinken geben und unmittelbar servieren.

Rezept für 4 Personen

PROFITIPP: Da Teig aus Hadnmehl nachzieht, also fester wird, kann nach Wunsch mehr Milch zugegeben werden.

Schwierigkeitsgrad: leicht
Zubereitungszeit: 20 Minuten

KULINARISCHE GIPFELSTÜRMER

Schroffe Felsen, dichte Wälder und grüne Bergmatten – hoch oben in den nördlichen Kalkalpen ist das **Hochschwab Wild** zu Hause. Hirsche, Rehe und Co finden's toll. Genießer meinen: „Gams lecker!"

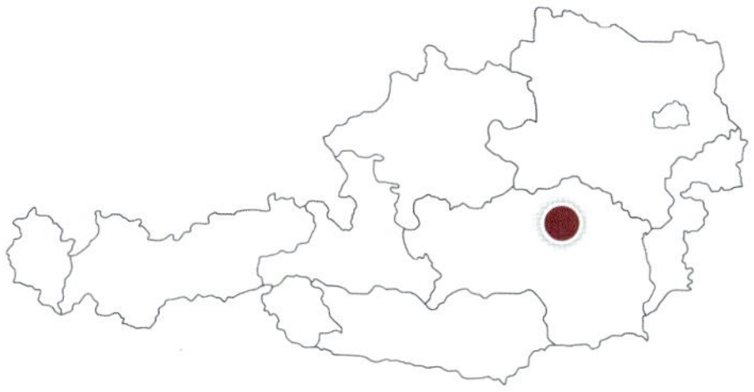

Das Jagen hat lange Tradition, die alten Griechen hatten eine eigene Göttin dafür abgestellt und in den Zeiten von Maximilian I. war die Gamsjagd im Hochschwab mehr als nur königliches Vergnügen. Im Gebiet rund um den 2277 Meter hohen Gipfel des Hochschwabs tummeln sich heute so viele Gämsen wie sonst niergendwo in Europa. Die umtriebigen Gipfelstürmer sind in bester Gesellschaft: Hirschrudel durchziehen das Gebiet und verbringen den Sommer auf den Almen und Bergmatten. Frische Gräser und Kräuter, allesamt nährstoffreich und voll mit wichtigen Mineralstoffen, bilden die Nahrungsgrundlage des Hochschwab Wilds. Das bleibt kulinarisch nicht unbemerkt, so ist das Wildbret aromatisch und es bedarf nur eines Hauchs Gewürz, um es zu einem lukullischen Leckerbissen zu machen. Zudem ist das dunkle Wildfleisch kalorienarm, hat einen geringen Fettgehalt, dafür aber mehr Eiweiß als helles Nutztierfleisch.

www.genuss-region.at/hochschwab-wild

DAS IDEALE WIRTSHAUS

Wirtshaus am Pogusch
Pogusch 21
A-8625 Turnau
Tel.: +43 (0) 38 63/20 00
E-Mail: pogusch@steirereck.at
www.steirereck.at

Das **Wirtshaus am Pogusch** der Familie Reitbauer hat Kultcharakter und zählt zu den romantischsten Fleckchen des Landes. Und weil ja Liebe durch den Magen geht und die wichtigste Zutat in der Küche ist, sorgt **Jürgen Schneider** dafür, dass das Feuer nie ausgeht.

Das Wirtshaus am Pogusch ist ein Sammelsurium an österreichischen Heimatrequisiten, das inkludiert die Dirndln und Lederhosen der Servicebrigade genauso wie den aufgestickten steirischen Panther auf den Hussen und die karierten Leinentücher. Ein Haubenlokal, das sich als ländliches Wirtshaus tarnt. Verraten wird das 1616 erbaute Bauernhaus allerdings durch die Gastgeberfamilie Reitbauer und die Küche von Jürgen Schneider. Kulinarik-Hits und Dauerbrenner der heimischen Küche bringt der Chef de Cuisine mit Eleganz und Bodenhaftung unter die nie enden wollende Gästeschar, die es vorzieht, auch einmal mit dem Helikopter am Pogusch zu landen. Und weil das Wirtshaus auf dem Pogusch ja auch seine Stammesbezeichnung im Namen trägt, wird das Bier hier selbst gebraut und das frische Wasser sprudelt aus der Hausquelle, die am sogenannten Himmelreich entspringt.

Hochschwab Reh mit mitgekochtem Polentastrudel

Waldpilzen und eingelegten Mispeln

Hochschwab Rehrücken

700 g ausgelösten Rehrücken
250 ml Wildfond

Sirup

1 l Rotwein
1 l Ahornsirup, 150 g Steinpilzpulver

Gewürzmischung

Salz , ½ EL Thymian, frisch,
2 Lorbeerblätter, ½ EL Senfkörner,
6 Wacholderbeeren, ½ EL Majoran,
½ EL Pfeffer, weiß, 1 Msp. Muskat,
gemahlen, 6 Gewürznelken,

Pilzsauce

250 g Mischpilze, 50 g Speck
4 Schalotten, 1 EL Preiselbeeren
Thymian, Wacholder, gemahlen
etwas Balsamicoessig

Mispeln

4 Mispeln, 2 EL Kristallzucker
125 ml Weißwein
Gewürznelken, Zimtrinde

Polentastrudel

100 ml Obers, 400 ml Wasser,
500 ml Milch
200 g Polenta, 100 g Butter
4 Dotter, 2 ganze Eier, 2 Eischnee
Salz, Cayennepfeffer, Muskat,
Thymian, Rosmarin
4 Blätter Strudelteig

Hochschwab Rehrücken: Für die Gewürzmischung alles zusammen in der Kaffeemühle mahlen und das Reh damit leicht würzen und scharf anbraten. Nun den Rotwein und den Ahornsirup aufkochen lassen und auf einen halben Liter reduzieren. Anschließend den Rehrücken mit der Reduktion begießen und mit dem Steinpilzpulver bestreuen.

Pilzsauce: Mischpilze säubern und in mundgerechte Stücke schneiden. Die Schalotten und den Speck in feine Würfel schneiden und alles zusammen anschwitzen. Anschließend mit etwas Balsamicoessig ablöschen, frischen Thymian dazugeben, nun mit Wildfond ablöschen und mit Preiselbeeren, Wacholder und Salz gut abschmecken. Mit kalter Butter binden.

Mispeln: Die Mispeln schälen, halbieren und entkernen. In einem Topf den Zucker leicht karamellisieren und mit dem Wein ablöschen. Gewürznelken und Zimtrinde hinzufügen und auf die Hälfte reduzieren. Mispeln dazugeben und weich kochen.

Polentastrudel: Alle Flüssigkeiten mit Gewürzen, Kräutern und Butter aufkochen. Polenta langsam einrühren, so lange rühren, bis sie leicht dickflüssig ist. Unter ständigem Rühren erkalten lassen. Eidotter, Eier und Eischnee vorsichtig unterrühren. Die fertige Masse in den Strudelteig einfüllen, mit Butter bestreichen und in abgeschmeckter Milch und Obers für 10 bis15 Minuten köcheln oder dämpfen lassen.

Anrichten: Die Pilzsauce zu einem Spiegel auf dem Teller verteilen und die Scheiben des Hochschwab Rehrückens darauf anrichten. Den Polentastrudel danebensetzen und mit Waldkräutern dekorieren.

Rezept für 4 Personen

PROFITIPP: Beim Polentastrudel die Kräuter mit einem Bindfaden zusammenbinden, damit man sie später herausnehmen kann.

Schwierigkeitsgrad: mittel
Zubereitungszeit: 2 Stunden

GENUSS AUS ALTEN REIHEN

Im Pöllauer Tal wächst in Reih und Glied auf den bis zu 200 Jahre alten knorrigen Bäumen ein kulinarisches Unikum: die **Pöllauer Hirschbirne**. Achtung: Geschmackssensation!

Eine alte steirische Baumsorte macht das Pöllauer Tal zu einem Schatzkästchen der kulinarischen Spezialitäten. Denn nur hier an dieser Stelle wächst die Pöllauer Hirschbirne in so geballter Zahl. In Reihen gepflanzt oder auf Streuobstwiesen wachsend prägen die bis zu 200 Jahre alten und 16 Meter hohen Bäume das Landschaftsbild. Gut, dass die Pöllauer Hirschbirne durch die Pflege der Bauern bereits so lange gedeiht, denn es dauert bis zu zehn Jahre, bis sich die ersten köstlichen Früchte an den Ästen der kräftigen Bäume zeigen. Ihr Name ist auf das Wort „Herbst“ zurückzuführen, da sie erst ab Mitte Oktober geerntet werden kann. Dann aber hat die rundliche Köstlichkeit eine leicht rötliche Deckfarbe, das Fruchtfleisch leuchtet gelbweiß und ist ausgesprochen saftig. Die Birne wird anschließend zu fruchtigem Saft, schmackhaftem Most oder auch zu Edelbrand verarbeitet. Getrocknet ist die Pöllauer Hirschbirne zudem auch Genuss pur.

www.genuss-region.at/poellauer-hirschbirne

DIE RICHTIGE WÜRZE MACHT'S!

Retter Seminar Hotel
Oberneuberg 88
A-8225 Pöllau
Tel.: +43 (0) 33 35/26 90
E-Mail: hotel@retter.at
www.retter.at

Muskat, Safran, Lorbeer, Zimt, Salz und Pfeffer schmecken nicht nur gut, sondern in ihnen lässt es sich auch gut genießen. Denn in den würzigen Restaurants des **Retter Seminar Hotels** kocht **Jürgen Archam** kräftig auf.

Zwei À-la-carte-Restaurants, zwei Buffet-Restaurants, ein Stüberl und ein Nischen-Restaurant verstecken sich hinter den verlockenden Gewürznamen im Retter Seminar Hotel, das von der charmanten Ulli Retter geleitet wird. Im stylishen Muskat und im orange-violetten Safran wird kreative Haubenküche des Küchenchefs Jürgen Archam mit einem Lächeln auf den Lippen serviert. Denn dieser kocht nach der Devise: „Der Gast schmeckt, ob der Koch gut gelaunt ist!“ Nach den genussvollen Schmankerln zu urteilen, besitzt Jürgen Archam ein sehr sonniges Gemüt. Das liegt vielleicht auch daran, dass er kulinarisch aus dem Vollen der heimatlichen Genusslandkarte schöpft. Die Küche im Dorf zu lassen und die Gäste mit regionalen Köstlichkeiten zu bewirten, darauf versteht sich der Herdkünstler. Um den Genuss abzurunden, schenkt Sommelier Michael Pelzmann die passenden Getränke dazu ins Glas.

Tiramisu von der Pöllauer Hirschbirne

Tiramisu von der Pöllauer Hirschbirne

- 125 g Dörrhirschbirnen
- Rum
- Hirschbranntwein
- 125 g Mascarino
- 2 Dotter
- 60 g Zucker
- etwas Hirschbirnsaft, Zimt, Vanillezucker
- 250 g Pöllauer Hirschbirnen, als Mus gekocht
- 25 Stk. Biskotten
- 250 ml Schlagobers

Garnitur

- Zimt
- Dörrhirschbirnen, gewürfelt
- Beeren

Tiramisu: Die Dörrhirschbirnen klein hacken und 12 Stunden mit dem Rum und dem Hirschbranntwein marinieren.

Den Dotter, Zucker und Vanillezucker schaumig rühren, Mascarino, etwas Hirschbirnsaft und Zimt beigeben und gut mischen. Anschließend das Birnenmus der Dottermasse unterheben. Die Biskotten in Hirschbirnsaft mit etwas Rum tränken und in eine Form legen, mit einem Teil des steif geschlagenen Obers bedecken und mit der Mascarinomasse bestreichen. Zimt darüberstreuen. So dreimal Lage für Lage vorgehen und mit Schlagobers abschließen. Über Nacht in den Kühlschrank stellen.

Anrichten: Aus dem Tiramisu von der Pöllauer Hirschbirne Nocken ausstechen und je zwei mittig auf den Tellern platzieren. Zimt darüberstreuen und mit Beeren sowie gewürfelten Dörrhirschbirnen dekorieren.

Rezept für 4 Personen

PROFITIPP: Besonders schön als Garnitur sind auch gedörrte Hirschbirnen, wenn sie in Scheiben geschnitten werden.

Schwierigkeitsgrad: leicht
Zubereitungszeit: 1½ Tage inklusive Ruhezeit

AUF DER STRASSE ZUM RUND-ROTEN GLÜCK

Genussvolle Wege einzuschlagen, liegt in der Natur der Steirer. Eine besondere Köstlichkeit findet sich in all seinen Varianten auf der Apfelstraße wieder: der **Oststeirische Apfel**.

Begonnen hat die Erfolgsgeschichte des Oststeirischen Apfels Mitte des 15. Jahrhunderts in der Gemeinde Puch. Dort ließ sich der Sage nach die schwedische Bäckersfamilie Eitljörg nieder und als aus einem heruntergefallenen Apfel ein Bäumchen spross, erkannte diese die Fruchtbarkeit des Bodens. Heute ist das Apfelland-Stubenbergsee die größte Obstanbaugemeinde Österreichs und an der Apfelstraße genießt man bei zahlreichen Bauern Saft, Likör oder Marmelade aus dem saftigen Oststeirischen Apfel oder verkostet ihn pur. Auf den traditionellen Streuobstwiesen und Plantagen in der Oststeiermark werden neue und alte Apfelsorten sorgsam gezogen und im Herbst von Hand verlesen. Ihren besonderen Charakter verdanken Boskoop, Elstar & Co dem illyrischen Klima der Region: Viele Sonnenstunden und kalte Nächte resultieren in einem ausgewogenen Zucker-Säure-Verhältnis, hervorragendem Geschmack und ausgeprägter Farbe.

www.genuss-region.at/oststeirischer-apfel

DEUTSCHE PERFEKTION UND LIEBE ZUM GENUSS

Restaurant Carl
Opernring 5a
A-8010 Graz
Tel.: +43 (0) 316/82 48 48
E-Mail: info@carl-restaurant.at
www.carl-restaurant.at

Deutschlands heißester Kulinarikexport heißt **Philipp Haiges**. Der Schwabe ist Chef de Cuisine im Grazer **Restaurant Carl** und steht zu den einfachen Dingen: Er will einfach Perfektion und den vollkommenen Genuss.

„Innovativ, geradlinig, international", so beschreibt der Jungstar der steirischen Kulinarikszene seine Küchenphilosophie. Sein Credo: Ehrlich Gekochtes schmeckt immer. Und ehrlich geht es im Restaurant Carl zu, denn in die Pfannen und Töpfe kommen dem Küchenchef nur die besten Produkte in Top-Qualität, auch gerne die aus den Genuss Regionen. Hinter dem Herd zeigen sich dann Philipp Haiges deutsche Wurzeln und seine österreichischen Flügel. Nordische Gründlichkeit und Perfektion vermischen sich mit Dynamik und Kreativität und verschmelzen zu kulinarischen Highlights, die den Gaumen der Gourmets schmeicheln. Kochkaliber wie Eckart Witzigmann und Alfons Schuhbeck sind nur zwei seiner Fans, die gerne einen kulinarischen Zwischenstopp in dem denkmalgeschützten Gebäude direkt bei der Grazer Oper einlegen, wenn sie auf Steiermark-Besuch sind.

Kuchen vom Oststeirischen Apfel

mit Topfeneis

Kuchen vom Oststeirischen Apfel

2 Oststeirische Äpfel, würfelig geschnitten, mit Schale
125 g Butter, aufgeschlagen
125 g Staubzucker, aufgeschlagen
2 Eier
125 g Mehl
½ TL Backpulver

Topfeneis

60 ml Milch
30 ml Schlagobers
35 g Zucker
2 Dotter
Mark einer ½ Vanilleschote
30 g Sauerrahm
30 g Topfen, passiert
½ cl Rum

Kuchen vom Oststeirischen Apfel: Die Butter aufschlagen und Staubzucker, Eier nach und nach hinzugeben. Langsam Mehl und Backpulver in die Masse einarbeiten. Die Apfelwürfel kurz anschwitzen, abkühlen lassen und hinzugeben. In eine mit Butter gefettete Backform geben und bei 160 °C für etwa 30 Minuten in das Backrohr geben.

Topfeneis: Milch, Sahne, Zucker aufkochen und auf etwa 85 °C abkühlen lassen. Nun die Dotter einrühren. Das Mark der Vanilleschote, Sauerrahm, Topfen und Rum untermengen und auf Eiswasser kalt schlagen. Nun in die Eismaschine geben oder im Froster gefrieren lassen.

Anrichten: Mit einem Löffel Nocken aus dem Topfeneis ausstechen und gemeinsam mit dem warmen Kuchen servieren.

Rezept für 4 Personen

PROFITIPP: Den Kuchen vom Oststeirischen Apfel mit Staubzucker und Minze garnieren.

Schwierigkeitsgrad: leicht
Zubereitungszeit: 4 Stunden inklusive Ruhezeit

ABSOLUT SCHA(R)F

Bereits im Grätzerischen Kochbuch von 1804 brutzelten und brieten die Köche das **Weizer Berglamm** in allen Variationen. 2010 erlebt Lammfleisch eine Renaissance, geschmeckt hat es dazwischen aber genauso gut.

Zugegeben, das Schaf hatte in seiner Karriere als kulinarisches Spitzenprodukt Ups und Downs. Als eines der ältesten Haustiere des Menschen war es in der Steinzeit Lieferant für Fleisch, Milch und Wolle. Später musste es gegen seinen ungerechtfertigten Ruf als „Arme-Leute-Kuh" kämpfen. Heute ist Lammfleisch, allen voran das Weizer Berglamm, begehrter denn je. Charakteristisch ist das Weizer Berglamm ein junges, drei bis fünf Monate altes Lamm mit hellem Fleisch. Es überzeugt durch zarteste Fleischqualität, im Geschmack ist es mild, aber zugleich würzig. Das Geheimnis liegt in der einzigartigen naturnahen Haltung der Schafe. Auf Almen des mittelsteirischen Karsts finden die in kleinen Herden gehaltenen Tiere würzige Gräser und alpine Kräuter, die allen Schafprodukten ihr unnachahmliches Aroma geben, wie dem zart-würzigen Fleisch und den ausgezeichneten Schafmilchprodukten.

www.genuss-region.at/weizer-berglamm

MIT EIGENSINN ZUM ERFOLG

Zum Forsthaus
Fischbach 2
A-8654 Fischbach
Tel.: +43 (0) 31 70/201
E-Mail: office.forsthaus@utanet.at
www.forsthaus.co.at

Sieht man das 400 Jahre alte Herrenhaus mit dem ländlich anmutenden Namen **Zum Forsthaus**, denkt man nicht an Kreativküche. Ein Blick hinter die Fassade eröffnet aber eine andere Welt: **Christian Übeleis** entwirft dort Geschmäcke von übermorgen.

In Fischbach sagen sich Fuchs und Hase gute Nacht. Doch was die kulinarische Seite des beschaulichen Örtchens angeht, so ist es wahrlich nicht von gestern. Denn im Forsthaus ist Patron und Chef de Cuisine Christian Übeleis immer auf der Suche nach neuen Methoden, wie man den Geschmack der regionalen Produkte auf ein neues Level heben könnte. Sein Ziel: „Biete den Gästen jedes Mal ein neues Erlebnis auf kulinarischer Ebene." Was aber nicht bedeutet, dass sich der Steirer auf Spielereien wie avantgardistische Schelmereien einlässt, die zwar optisch viel hermachen, den Gaumen aber nur wenig begeistern. Regionales mit mediterranem Einschlag, das ist sein Ding. Die Philosophie dahinter ist einfach, nämlich einfach gut zu sein. Höchste Qualität, perfekter Service und die Vermittlung eines faszinierenden Gesamteindruckes. Na dann, guten Tag in Fischbach.

Weizer Berglamm

im Artischocken-Steinpilz-Fond mit Germnudeln

Lamm

4 Lammkarrees à 150 g
4 Zweige Rosmarin
4 Zweige Thymian
gelber Curry, Salz
Butter, aufgeschäumt

Artischocken-Steinpilz-Fond

200 g frische, geputzte Steinpilze, in Scheiben geschnitten
6 Babyartischocken
250 ml Rindsuppe
Thymian, Knoblauchzehe, Zitronensaft, Rosmarin
Olivenöl, Butter
50 g gehackter Kerbel
100 g kalte Butter
Salz, Pfeffer aus der Mühle

Germnudeln

10 g Germ, 30 g Obers
Erdnussöl
180 g Mehl, griffig
120 g Erdäpfel, geschält und gekocht
20 g Butter
3 Dotter
Salz, Muskat

Lamm: Den Lammrücken mit Salz und Pfeffer würzen und mit je einem frischen Zweig Rosmarin und Thymian in Alufolie wickeln. Bei 65 °C im Backrohr 2 Stunden rosa garen.
Auswickeln und in aufgeschäumter Butter mit etwas gelbem Curry aromatisieren.

Artischocken-Steinpilz-Fond: Die Artischocken putzen und in einem Fond aus der Rindsuppe, dem frischen Thymian, der Knoblauchzehe und etwas Zitronensaft weich kochen.
Die Steinpilze in Olivenöl und Butter mit frischem Rosmarin hellbraun braten und anschließend salzen und pfeffern.
Inzwischen die Artischocken aus dem Fond heben und abseihen. Den Fond aufkochen und mit kalter Butter montieren. Zum Finalisieren den frischen Kerbel unterrühren.

Germnudeln: Das Obers erwärmen und die Germ darin zerbröseln. Mit den übrigen Zutaten zu einem glatten, nicht zu klebrigen Teig kneten. Wenn die gewünschte Konsistenz erreicht ist, den Teig ausrollen und zu kleinen Nudeln formen. Im heißen Erdnussöl hellbraun ausbacken.

Anrichten: Den Lammrücken auf den vorgewärmten Teller legen. Dann die Germnudeln rund um das Fleisch platzieren und beides mit dem Artischocken-Steinpilz-Fond nappieren.

Rezept für 4 Personen

PROFITIPP: Anstatt der Steinpilze können auch Austernpilze verwendet werden.

Schwierigkeitsgrad: mittel
Zubereitungszeit: 2½ Stunden

EIN KRAFTLACKL MIT HERZ

Der kräftige **Murtaler Steirerkäs** war schon von jeher ein Genussstückerl der Begierde. Im Mittelalter als Zehentabgabe an die Kirche und heute als urige Jause für Feinschmecker.

Geschmeidig und elastisch, würzig und herzhaft – der Murtaler Steirerkäs hat alle Eigenschaften, die einen wahren Genießer zum Reinbeißen verführen. Zudem hat er einen Stammbaum, der sich sehen lassen kann: Im Mittelalter war er Hauptprodukt der steirischen Almenwirtschaft und im 17. Jahrhundert das Liebkind für Knechte und Kumpel, die den Murtaler Steirerkäs mit einer Scheibe Bauernbrot, frischer Sennereibutter und einem Glas Milch anrichteten. Heute ist der blassgelbe bis grünliche schnittfeste Kochkäse ein Genuss für jedermann. Aus gereiftem Topfen, Kümmel, Pfeffer, Kochsalz und Milch hergestellt und in heißer Butter über offenem Feuerholz geschmolzen, erlangt der Murtaler Steirerkäs sein besonderes Aroma durch die verwendete Milch. Diese nämlich stammt von Kühen, die in der Bergflora des Oberen Murtals eine Vielfalt an alpinen Pflanzen wie die Bergaster, die Frühlingmiere oder die Mehlprimel finden.

www.genuss-region.at/murtaler-steirerkaes

GUTE AUSSICHT, BESSERER GENUSS

Lercher's Panorama
Schwarzenbergstraße 10
A-8850 Murau
Tel.: +43 (0) 35 32/24 31
E-Mail: hotel.lercher@murau.at
www.lercher.com

Die Stolzalpe im Blick, genießt man im hoch gelegenen Murau bei **Erich Pucher** im **Lercher's Panorama** aufregende Grande Cuisine. Und plötzlich fühlt man sich wie im siebten kulinarischen Himmel.

„Das Geheimnis des Erfolgs? Sich nie damit zufriedengeben, dass man zufrieden ist." So lässt sich Erich Pucher zitieren. Beipflichten muss man aber nicht, denn es gibt kaum einen Gast, der das Lercher's Panorama in Murau verlässt und dabei nicht zufrieden an ein Wiedersehen denkt. Denn die Küche des hochdekorierten Herdgenies zählt zu einer der kreativsten und aromatischsten des Landes. Es ist die Liebe Erich Puchers am Experimentieren, „die Lust, aus den nahezu unerschöpflichen Möglichkeiten immer wieder Neues zu erproben", wie er erzählt. Und die Grundlagen dafür holt sich Erich Pucher bei den Kleinbetrieben und Bauern der Umgebung. In den Genuss der kulinarischen Feinheiten kommt aber nur eine Handvoll Gäste, denn das Gourmetrestaurant hat exklusive 14 Sitzplätze, von denen man – nomen est omen – ein fantastisches Panorama auf die Stolzalpe hat.

Schweinsfilet mit Murtaler Steirerkäs-Kruste

auf gedünstetem Weißkraut

Murtaler Steirerkäs-Kruste
- 120 g Murtaler Steirerkäs, würfelig geschnitten
- 60 g Knödelbrot
- 60 ml Öl
- 70 g Zwiebeln, fein gehackt
- 1 Ei
- 20 g Petersilie, fein gehackt
- Salz

Schweinsfilet
- 4 Schweinsfilets à 100 g
- Salz, Pfeffer, Kümmel
- Öl

Gedünstetes Weißkraut
- 750 g Weißkraut, geschnitten
- 125 ml Öl
- Salz, Pfeffer, Kümmel
- 100 g Zucker
- 250 ml Rindsuppe

Murtaler Steirerkäs-Kruste: Die Zwiebeln und die Petersilie in Öl etwas anbraten und über das Knödelbrot gießen. Danach mit dem Ei und dem Murtaler Steierkäs zu einer Masse verarbeiten und mit Salz abschmecken.

Schweinsfilet: Die Schweinsfilets ganz leicht klopfen und mit Salz, Pfeffer und Kümmel würzen. In der Pfanne mit Öl sehr heiß auf beiden Seiten scharf anbraten. Danach etwas auskühlen lassen. Das Filet nun etwa 1,5 cm dick mit der Murtaler Steirerkäs-Kruste belegen und im Rohr bei 180 °C für 30 Minuten im Rohr backen.

Gedünstetes Weißkraut: Das Öl in einem Topf erhitzen und den Zucker hellbraun karamellisieren lassen. Nun das Kraut hinzufügen, etwas durchrösten und mit Rindsuppe aufgießen. Das Weißkraut etwa 20 Minuten weich bis kernig dünsten lassen und mit Salz, Pfeffer und Kümmel abschmecken.

Anrichten: Das gedünstete Weißkraut in der Mitte des Tellers anhäufen und je zwei Hälften eines Schweinsfilets darauf drapieren. Wahlweise mit frischen Kräutern garnieren.

Rezept für 4 Personen

PROFITIPP: Aus dem Bratensaft des Fleisches eine Sauce herstellen, die zu dem Gericht gereicht werden kann.

Schwierigkeitsgrad: leicht
Zubereitungszeit: 1¼ Stunden

EINE SCHWEINELECKERE RARITÄT

Fast wäre das **Weststeirische Turopoljeschwein** von der kulinarischen Karte gestrichen worden. Zum Glück fand es Verbündete. Und die haben sich ganz den borstigen Gefährten verschrieben.

Sechs wackeren Männern ist es zu verdanken, dass eine der ältesten Schweinerassen heute wieder ein grunzend-glückliches Dasein führt. Denn 1993 war die Zukunft für das Turopoljeschwein nur noch bedingt so rosig wie Teile ihres dichten Borstenfells. 20 bis 30 der früher so beliebten Tiere gab es noch in einer kleinen Enklave in Kroation. In der Weststeiermark, in den hügeligen Regionen der Gemeinden Stallhofen bis Dechantskirchen werden die reinrassigen Turopoljeschweine heute zu neuen Ehren gebracht. In Freigehegen wachsen die robusten und gutmütigen Schweine über eineinhalb Jahre bis zu einem Gewicht von 150 Kilogramm heran. Und dass das Weststeirische Turopoljeschwein zeit seines Lebens biologisch gehalten und nach dem Schlachten biologisch verarbeitet wird, bleibt von dem Genießer nicht unbemerkt. Denn diese Tatsache spiegelt sich im Geschmack des dunkelroten Fleisches und des würzigen Specks wider.

www.genuss-region.at/weststeirisches-turopoljeschwein

EDLER GEHT'S NICHT

Edler's Landhaus Oswald
Unterbergla 15
A-8522 Groß St. Florian
Tel.: +43 (0) 34 64/22 70
E-Mail: office@landhaus-oswald.at
www.landhaus-oswald.at

Internationales Format trifft auf heimisches Profil. So könnte man **Wolfgang Edler** beschreiben. Doch dann würden die genussvollen Zwischentöne fehlen, die er im **Edler's Landhaus Oswald** kunstvoll präsentiert. Und auf diese zu verzichten, wäre unverzeihbar.

Ein Wirtshaus mit Gourmetcharakter haben sich Wolfgang und Maria mit dem Edler's Landhaus Oswald geschaffen. Oder besser: Sie haben sich ein Feinschmeckerlokal ins Gasthaus geholt. Im Gourmetstüberl verleihen sie den immer beliebten gutbürgerlichen und traditionellen Wirtshausgerichten internationalen Touch und den richtigen Genusskick. Fusioniert werden heimische Produkte aus den Genuss Regionen mit exotischen Zutaten wie Kakaobutter oder Jakobsmuscheln, um dann gemeinsam als edle Geschmacksbomben auf den Gaumen der Gäste zu explodieren. Tragende Rolle dabei spielen aber immer die heimischen Produkte. So erfüllt Küchenmeister Wolfgang Edler alle kulinarischen Wünsche und zaubert für jeden Gusto etwas Passendes. Und eines haben alle seine Kreationen gemein: den kulinarischen Einfallsreichtum und das sanfte Zwischenspiel der regionalen Aromen.

Rosa Filet vom Weststeirischen Turopoljeschwein

mit Kren, Beerensauce und Erdäpfelbiskuit

Rosa Filet vom Weststeirischen Turopoljeschwein

4 Filets à 160 g
Salz, Pfeffer, Olivenöl
1 Eiweiß
2 EL Kren
2 EL Kräuter, fein gehackt

Beerensauce

100 g Beeren
1 EL Kristallzucker
250 ml Rindsfond

Erdäpfelbiskuit

60 g Butter
2 ganze Eier
80 g Erdäpfel, passiert
30 g Mehl
2 El Sauerrahm
Salz, Pfeffer, Muskat
Gartenkräuter

Rosa Filet vom Weststeirischen Turopoljeschwein: Die Schweinsfilets putzen, mit Salz und Pfeffer würzen und anschließend von allen Seiten scharf in Olivenöl anbraten. Kurz überkühlen und mit dem Eiweiß bepinseln. Den fein geriebenen, frischen Kren und die Kräuter mischen und die Filets damit umhüllen. Bei 160 °C für 12 Minuten im Backrohr bei Heißluft fertig garen.

Beerensauce: Den Zucker karamellisieren und die gewaschenen Beeren zugeben. Mit dem braunen Fond aufgießen und einreduzieren lassen.

Erdäpfelbiskuit: Die Butter schaumig rühren und beide Eier einlaufen lassen. Die passierten Erdäpfel, das Mehl und den Sauerrahm beigeben. Die Masse nun mit Salz, Pfeffer, Muskat und einigen Gartenkräutern abschmecken. Fingerdick auf Backpapier streichen und bei 180 °C für 20 Minuten backen.

Anrichten: Die Filets aufrecht auf dem Teller platzieren, aus dem Erdäpfelbiskuit ein tortenförmiges Stück schneiden und es längs anrichten. Die Beerensauce vor dem Filet und dem Biskuit nappieren und wahlweise mit sautierten Eierschwammerln, Kräutern und Jungzwiebeln servieren.

Rezept für 4 Personen

PROFITIPP: Um dem Gericht eine steirische Note zu verleihen, das Erdäpfelbiskuit mit gehackten Kürbiskernen bestreuen.

Schwierigkeitsgrad: mittel
Zubereitungszeit: 1 1/4 Stunden

GRÜNES GOLD IN LEUCHTENDER SCHALE

Strahlend Gelb-Orange und sattes Grün sind die Farben des steirischen Kulinarikaushängeschilds, des **Steirischen Kürbiskernöls g.g.A.**. Und das steht unter der Flagge des puren Genusses.

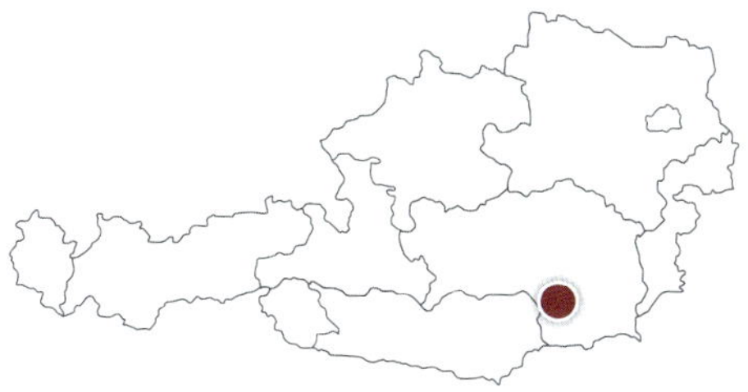

Das grüne Gold der Steiermark ist berühmt. Und berüchtigt, denn 1773 erließ Kaiserin Maria Theresia ein Verdikt, dass Kürbiskernöl zu wertvoll sei, um es für Speisen zu verwenden, und fortan nur für die Herstellung von Heilmitteln zu verwenden sei. Doch wegen seines einzigartig nussigen Geschmacks ließ sich das dickflüssige und charakteristisch dunkelgrüne Öl nicht lange aus den österreichischen Küchen verbannen. Zu der 100-jährigen Erfolgsstory des Steirischen Kürbiskernöls g.g.A. haben Anfang des 20. Jahrhunderts findige steirische Bauern beigetragen: Sie begannen weichschalige Kürbissorten anzubauen und gelangten so zum typischen schalenlosen steirischen Kürbiskern, der dem Öl zu seiner Farbe und dem fantastischen Aroma verhilft. Doch überzeugt das herrlich füllig, dicht und kompakt schmeckende Kernöl nicht nur durch geschmackliche Finesse, es ist zudem cholesterinfrei, reich an essenziellen Fettsäuren und Vitaminen.

www.genuss-region.at/steirisches-kuerbiskernoel

EIN ALTER STALL WIRD ZUM GOURMETTEMPEL

Abels Wirtshaus am Käsehof
Fötschach 9
A-8463 Glanz an der Weinstraße
Tel.: +43 (0) 34 54/63 84
E-Mail: info@kaesehof-abel.at
www.kaesehof-abel.at

Steirische Gemütlichkeit und Gourmets haben eine neue Adresse: das **Abels Wirtshaus am Käsehof**. Unter dem freigelegten Ziegelgewölbe des ehemaligen Stalls serviert **Gabriela Abel** völlig stressfrei Bodenständig-Feines aus dem Rebenland.

Das alte Bauernhaus hat schon einige Jahre auf seinem Dach, aber vor allem noch viele vor sich. Denn die Familie Abel hat in der Südsteiermark ein Refugium der entspannten Sorte geschaffen, ohne dabei auf die Spannung für den Gaumen zu vergessen. Für die sorgen die niveauvollen regionalen und saisonalen Schmankerln von Gabriela Abel, die dabei in der Küche von Tochter Anna-Maria tatkräftig unterstützt wird. Die Rezepturen der beiden sind bodenständig, dem heutigen Geschmack angepasst und ohne Ausflüge in Geschmacksexperimente. Serviert wird im gemütlichen Schankraum, im alten Gewölbe oder auf der Terrasse mit Blick auf die „steirische Toskana". Der Dritte im Genuss-Bunde ist Ehemann Andreas, der die Gäste mit den besten klassischen Weinen und Newcomern aus der Region, Natursäften sowie Edelbränden der Südsteiermark verwöhnt.

Rebenlandnockerl

mit Steirischem Kürbiskernöl g.g.A.

Rebenlandnockerl
120 g Eiweiß
2 EL Kristallzucker
1 Dotter
1 EL Biskuitmehl
20 ml Steirisches Kürbiskernöl g.g.A

Rebenlandnockerl: Den Backofen auf 200 °C vorheizen. Dann das Eiweiß mit dem Kristallzucker sehr steif aufschlagen. Anschließend den Dotter, das Mehl und das Steirische Kürbiskernöl g.g.A unterheben, bis die Masse eine gleichmäßige grüne Färbung hat.
Die Masse in ein feuerfestes Gefäß füllen und etwa 8 Minuten lang backen.

Anrichten: Mit Staubzucker bestäuben und schnell servieren, da die Nockerln sonst zusammenfallen könnten.

Rezept für 4 Personen

PROFITIPP: Wie viel Steirisches Kürbiskernöl g.g.A man verwendet, ist Geschmackssache, es sollten jedoch nicht mehr als 30 Milliliter sein.

Schwierigkeitsgrad: mittel
Zubereitungszeit: 30 Minuten

Hillebrand

DER ARISTOKRAT IST ZART ERRÖTET

Die grüne Eminenz der Salate ist der **Grazer Krauthäuptel**. Sein Herrschaftsgebiet liegt rund um die steirische Hauptstadt und seine Insignie ist ein rot-violettes Band.

Der Anführer der Blattfraktion ist zart-knackig, ein bisschen süß und auf gar keinen Fall bitter. Erobert hat er die Gourmetszene bereits vor knapp 100 Jahren, als er getarnt als Laibacher Eissalat in Erscheinung trat. Veredelt und seit Jahrzehnten im Grazer Becken heimisch, ist der Grazer Krauthäuptel heute eine steirische Regionalsorte. Typisch für ihn sind sein zartrot schimmerndes Köpfchen und das charismatische, dunkelrote bis violette Rändchen rund um die äußersten Blätter. Unter diesen breiten, großlappigen Außenblättern verbergen sich stark blasierte, knackige Blätter, die von unvergleichlichem Aroma sind, und das zarte und helle Herz des Aristokraten. So sind auch die inneren Werte nicht zu verachten: Spurenelemente, Mineralstoffe und Vitamine machen den Grazer Krauthäuptel zu einem Kraftprotz. Geerntet wird die frische Köstlichkeit von Mitte März bis November am frühen Morgen, damit er rechtzeitig den Mittagstisch erreicht.

www.genuss-region.at/grazer-krauthaeuptel

LUXUS, STIL & TRADITION

Café Sacher Graz
Herrengasse 6
A-8010 Graz
Tel.: +43 (0) 316/80 05
E-Mail: graz@sacher.com
www.sacher.com

Der Name **Café Sacher Graz** garantiert Eleganz und Flair, der Name **René Leitgeb** Geschmacksgranaten und Genusshighlights nach der alten Schule. In Kombination also österreichisches Kulturgut par excellence.

Wer meint, dass konservativ immer langweilig ist, dem sei das Café Sacher Graz als kulinarischer Lehrpfad ans Feinschmeckerherz gelegt. Chef de Cuisine in der Grazer Dependance des Wiener Traditionsunternehmens ist René Leitgeb, der einst von Eckart Witzigmann in sein Ca's Puers auf Mallorca abgeworben wurde und heute Gault Millau-dekoriert Wert auf alte Kochkunst legt. Die Perfektion des Geschmacks und nicht die wilde Kombination von möglichst unterschiedlichen Gewürzen und Zutaten ist für ihn das A und O beim Kochen. Seine Hand legt er dabei auch an Gerichte, die das Siegel „topmodern und stylisch" nicht mehr bekommen würden doch Teil der österreichischen Küche sind, wie etwa sein Kalbsbeuschel. Durch seinen Stil befreit er sie allerdings vom alten Image und bringt sie zu neuen Ehren. Also, Schultasche packen und im Café Sacher Graz zum Unterricht erscheinen.

Glacierte Kalbsschulter

mit „eingemachtem“ Grazer Krauthäuptel und Steinpilzen

Glacierte Kalbsschulter

- 1 kg Kalbsschulter
- 2 Zwiebeln
- 2 Karotten
- 1 Sellerieknolle
- 1 Knoblauch
- Olivenöl, Butter
- Salz, Pfeffer aus der Mühle
- Dijon Senf, 1 EL Tomatenmark
- 750 ml Rotwein
- 1 l Rindsfond

„Eingemachter“ Grazer Krauthäuptel

- 1 Grazer Krauthäuptel
- 250 ml Schlagobers
- 125 ml Weißwein
- Salz, Cayennepfeffer

Steinpilze

- 250 g Steinpilze
- Butter
- verschiedene Kräuter

Glacierte Kalbsschulter: Die Kalbsschulter mit Salz und Pfeffer würzen, mit Dijon Senf einreiben und in heißem Olivenöl beidseitig anbraten. Das Fleisch aus der Pfanne nehmen und das Fett abschütten. Das in Würfel geschnittene Wurzelgemüse beigeben und mit einem Stück Butter langsam rösten. Das Tomatenmark hinzufügen und mitrösten. Wenn alles eine goldbraune Farbe angenommen hat, mit Rotwein ablöschen.
Das Fleisch beigeben, mit Fond auffüllen und im vorgeheizten Backrohr bei 220 °C langsam schmoren.

„Eingemachter“ Grazer Krauthäuptel: Den Krauthäuptel in Blätter zupfen und waschen. Nun das Obers mit Salz und Cayennepfeffer würzen und auf die Hälfte einreduzieren lassen. Mit einem Schuss Weißwein würzen und die Krauthäuptelblätter kurz einkochen.

Steinpilze: Steinpilze in mundgerechte Stücke schneiden und in Butter mit Kräutern braten, würzen.

Anrichten: Cremigen Krauthäuptel auf den Teller setzen, die Kalbsschulter portionieren und daraufsetzen. Mit den geschmorten Steinpilzen garnieren und mit der beim Schmoren entstandenen Sauce nappieren.

Rezept für 4 Personen

PROFITIPP: Als zusätzliche Geschmacksnuance können Sojabohnen dazu gereicht werden.

Schwierigkeitsgrad: mittel
Zubereitungszeit: 3 Stunden

SPIEGLEIN, SPIEGLEIN IN DEN TEICHEN

„Fischer, sage mir: Wer ist der Schönste hier?" „Der **Steirische Teichland - Karpfen**, der glänzt goldgelb in den Teichen. Doch schmecken tut er noch viel besser." Und das wissen die Gourmets.

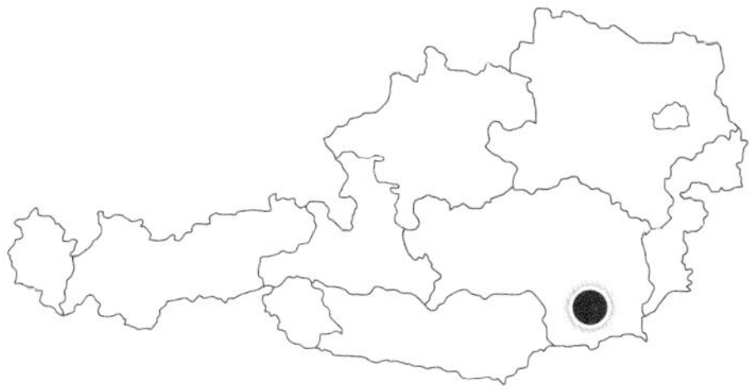

Schönheit ist nicht alles, guter Geschmack ist wesentlich wichtiger. Eine Tatsache, der sich die Region „Steirisches Teichland" ganz verschrieben hat. In drei Kerngebiete geteilt, ist es die Heimat von Spiegelkarpfen, Schuppenkarpfen, Zeilenkarpfen und Lederkarpfen. Von Deutschlandsberg im Westen bis nach Hartberg im Osten schmiegen sich die Weiherketten des steirischen Teichlandes in den Tälern an die steirischen Hügel. In diesen sauberen, unbelasteten Gewässern tummeln sich die traditionsreichen und beliebten Leckerbissen für zwei Jahre, bis sie mit etwa zweieinhalb Kilogramm auf den Tellern der Gourmets landen. Da sie sich großteils von den natürlichen Nahrungsquellen im Wasser ernähren, wachsen die Steirischen Teichland - Karpfen nur langsam, was wesentlich zum exzellenten Geschmack des Fleisches beiträgt und den grätenfreien Filets ihr einzigartiges Aroma verleiht.

www.genuss-region.at/steirisches-teichland-karpfen

GLÜCKSGEFÜHLE UNTERM NUSSBAUM

Weingartenhotel Harkamp
Flamberg 46
A-8505 St. Nikolai i. S.
Tel.: +43 (0) 31 85/22 80
E-Mail: office@weingartenhotel.at
www.harkamp.at

Klischeehafter lässt sich die Südsteiermark nicht erleben. Vom **Weingartenhotel Harkamp** blickt man über Weinberge ins Sausal und bekommt dabei herrlich erfrischende Schmankerln von **Heinz Harkamp** serviert.

„Willkommen im Glückslabor" – so der Slogan des Weingartenhotels Harkamp. Und ja, auf dem Flamberg – inmitten der Weinberge der Südsteiermark und unter dem Nussbaum – kann man nur bestätigend nicken. Ein Gros daran trägt auch die Küche von Heinz Harkamp bei. Endorphine beginnen zu tanzen, wenn er seine Kreativität am Herd rauslässt. Balanciert geht er dabei neue Wege, lebt die Moderne und vernachlässigt aber das Traditionelle nicht. Leidenschaft und ein besonderes Maß an Intuition, dafür steht Heinz Harkamp. Und die sagt ihm auch, dass man nicht in die Ferne schweifen muss, um das Beste zu bekommen. Im Glückslabor vulgo Küche wird mit den Produkten der Genuss Region und von kleineren bäuerlichen Betrieben experimentiert. Um das Glücksgefühl vollständig zu machen, gibt es die passenden Weine von Bruder Hannes dazu.

Knusprig gebratenes Filet vom Steirisches Teichland-Karpfen

mit 2erlei Roten Rüben & steirischem Kren

Knusprig gebratenes Filet

500 g Filet
vom Steirischen Teichland - Karpfen
gemahlener Chili
gerösteter Koriander aus der Mühle
Salz, Zitrone

Rote-Rüben-Suppe

250 g Rote Rüben, gekocht
125 ml Fischfond
Kreuzkümmel, Zitronensaft, Salz, Muskatnuss
1 EL Sauerrahm
1 cl Gin

Rote-Rüben-Gemüse

250 g Rote Rüben, gekocht
3 EL Fischfond
Butter, Zitronensaft, Salz, Chili

Garnitur

Kren, frisch gerieben
Wasabi
Rote-Rüben-Sprossen

Knusprig gebratenes Filet: Das Filet vom Steirisches Teichland - Karpfen in vier gleich große Teile schneiden, mit gemahlenem Chili, geröstetem Koriander aus der Mühle, Salz und Zitrone würzen. Die gewürzten Filets in einer schweren Eisenpfanne auf der Hautseite langsam knusprig braten.

Rote-Rüben-Suppe: Die gekochten Roten Rüben mit dem Fischfond im Mixglas fein pürieren und mit einer Messerspitze Kreuzkümmel, einem Spritzer Zitronensaft, Salz und etwas Muskatnuss abschmecken. Als Topping den Sauerrahm und den Gin zu einer homogenen Masse verrühren.

Rote-Rüben-Gemüse: Die gekochten Roten Rüben in Scheiben schneiden und mit dem Fischfond erhitzen. Mit ein paar Butterflocken montieren und mit etwas Zitronensaft, Salz und Chili würzen.

Anrichten: Das Karpfenfilet auf dem Rote-Rüben-Gemüse anrichten, Kren darüberstreuen und mit einer Messerspitze Wasabi und den Rote-Rüben-Sprossen garnieren. Die Rote-Rüben-Suppe heiß in ein Glas füllen, mit der Gin-Sauerrahm-Masse garnieren und zum Fischgericht servieren.

Rezept für 4 Personen

PROFITIPP: Das Karpfenfilet sollte schon vom Fischhändler geschröpft angeboten werden. Wenn Sie selbst den Karpfen filetieren, unbedingt mit einem scharfen Messer vorgehen.

Schwierigkeitsgrad: leicht
Zubereitungszeit: 1 Stunde

KERNIGER NATURBURSCHE

Er mag es rau und liebt das Dunkel. Der **Waldviertler Karpfen** ist so speziell wie seine Umgebung. Und er ist einfach zum Reinbeißen, der Prachtjunge.

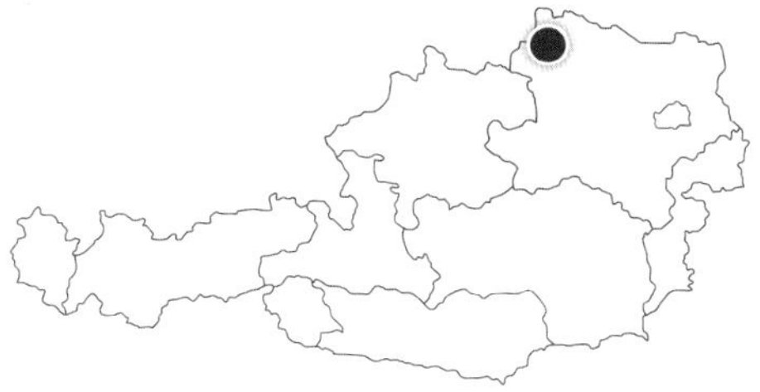

Über 1400 Teiche nennt er sein Eigen. Eingebettet in dem sanft hügeligen Urgesteinsplateau des Waldviertels mit seiner ursprünglichen Landschaft, kann sich der Waldviertler Karpfen bis zu vier Sommer lang in den für ihn perfekten, unbelasteten Gewässern tummeln – so lange, bis er etwa zwei bis drei Kilo auf seinen Gräten hat. Und weil er Gedränge so gar nicht mag, hat jeder Waldviertler Karpfen viel, viel Platz für sich allein. Als rauer Naturgeselle ernährt sich der Süßwasserfisch von den natürlichen Nahrungsquellen der Teiche, die bereits im Mittelalter von Mönchen und Gutsbetrieben angelegt wurden. Nur als Ergänzung gibt es Getreide aus der Region wie Roggen und Gerste. Das führt dazu, dass der Waldviertler Karpfen langsam wächst, daher nur einen geringen, aber sehr hochwertigen Fettanteil hat, kernig und von hervorragendem Geschmack ist. Eben ein Prachtkerl, wie er im Buche steht – oder dann auf dem Teller liegt.

www.genuss-region.at/waldviertler-karpfen

FRISCHER WIND IN ALTEN GEMÄUERN

Relais & Châteaux Mörwald
„Kloster Und"
Undstraße 6
A-3500 Krems
Tel.: +43 (0) 27 32/704 93
E-Mail: und@moerwald.at
www.moerwald.at

Gegensätze ziehen sich an. Das beweist die Kombination **Roland Huber** und das **Relais & Châteaux Mörwald „Kloster Und"**. Denn der Jungstar verwandelt mit seiner modernen und innovativen Küche das 400 Jahre alte Kapuzinerkloster in eine Pilgerstätte für Gourmets.

Roland Huber ist wählerisch. Nur das Beste kommt für ihn in Frage – auch was seine Mentoren betrifft. So lernte und feilte er an seinem Können bei deutschen Spitzenköchen wie Heinz Winkler, Joachim Wissler und Dieter Müller. Sein Stil: akkurat, geradlinig und mit dem Anspruch, durch modernste Techniken und handwerkliche Perfektion den Eigengeschmack der Produkte aufs Höchste hervorzuheben. Mit einem Wort – unverwechselbar. Dieses kulinarische Talent blieb von Grand Chef Toni Mörwald nicht unbemerkt und er ernannte den Oberösterreicher zu seinem Chef de Cuisine im Relais & Châteaux Mörwald „Kloster Und". Zwischen Kreuzgang und dem mit prachtvollen Fresken verzierten Kirchenschiff werden Roland Hubers Kreationen nun serviert. Wer gerne noch ein bisschen näher dran ist, der sollte unbedingt den Chefs Table reservieren. Ein Stoßgebet dafür, dass er noch frei ist.

Waldviertler Karpfen

„Wald und Wiese“

Confierter Karpfen
4 Karpfenfilets à 120 g, geschröpft
200 ml Steinpilzöl
200 ml Sonnenblumenöl
Thymian, Lorbeer, Estragon, Salz

Pilzschwamm
200 g Eierschwammerln
5 EL Pilzfond
3 Dotter, 1 Ei
1 EL Zucker, 70 g Mehl, Salz

Kräuterpaste
150 g Passe Pierre
150 g Blattspinat
100 g Wiesenkräuter
50 g Crème fraîche

Knusprige Leinsamen
100 g Leinsamen, Wasser

Garnituren
100 g sautierte Eierschwammerln
getrocknete Steinpilze
Borretschblüten

Confierter Karpfen: Die Öle mit den Aromaten auf 65 °C erhitzen, die Karpfenfilets salzen und im Öl glasig garen. Anschließend in Würfel schneiden.

Pilzschwamm: Die Eierschwammerln mit dem Pilzfond weich kochen, mixen und anschließend passieren. Das Pilzpüree mit den restlichen Zutaten glatt rühren. In eine iSi-Flasche füllen und 2 Patronen einschrauben. Eine Stunde kalt stellen. Die Masse im Kunststoffbecher auf 2/3 Füllhöhe einspritzen. In der Mikrowelle etwa 40 Sekunden backen. Die Becher auf den Kopf stellen und erkalten lassen.

Kräuterpaste: Passe Pierre, Blattspinat und Wiesenkräuter blanchieren, in Eiswasser abschrecken. Mit Crème fraîche zu einer feinen Paste mixen. Mit Salz abschmecken.

Knusprige Leinsamen: Leinsamen mit reichlich Wasser über Nacht quellen lassen. Den entstandenen Schleim dünn auf Backpapier aufstreichen und bei 60 °C im Rohr trocknen.

Anrichten: Kräuterpaste auf den Teller auftragen, den Pilzschwamm aus dem Becher lösen und mit dem Karpfen und den Garnituren dekorativ anrichten.

Rezept für 4 Personen

PROFITIPP: Um eine schöne „Wiese“ zu bekommen, die Kräuterpaste mit einem handelsüblichen Spachtel auftragen.

Schwierigkeitsgrad: schwer
Zubereitungszeit: 2 Stunden inklusive Ruhezeit

DAS GOLD AUS DER ERDE

Diese Knollen sind edel. Nicht umsonst heißen die **Weinviertler Erdäpfel** Prinzess oder Marabel. Und so stehen die knubbeligen Köstlichkeiten ganz oben im Who is who der kulinarischen Knüller.

„Morgens rund, mittags gestampft, abends in Scheiben, dabei solls bleiben. Es ist gesund.“ So lehrte es Johann Wolfgang von Goethe. Und hatte damit sogleich einen großen Fan: Pfarrer Eberhart Jungblut. Dieser findige Kleriker führte die Erdäpfel 1761 in die Region des Weinviertels ein. 250 Jahre später haben sich die Weinviertler Erdäpfel zu einem der Aushängeschilder des Landes etabliert. Rund 80 Prozent der österreichischen Erdäpfel wachsen in Niederösterreich, ein Großteil davon im Weinviertel. Frische Speisekartoffeln und Speiseindustriekartoffeln für tiefgekühlte und gekühlte Produkte werden unter strengen Qualitätsauflagen in dem leichten, sandig-lehmigen, nährstoffreichen und nicht zu trockenen Boden angebaut. Ideale Bedingungen also für den perfekten Geschmack der Weinviertler Erdäpfel, bei denen das genussvolle kulinarische Ergebnis und nicht die Masse im Vordergrund steht.

www.genuss-region.at/weinviertler-erdaepfel

EIN GUTER ORT ZUM GENIESSEN

Wagner's Wirtshaus
Gschmeidlerstraße 32
A-2020 Hollabrunn
Tel.: +43 (0) 676/308 65 36
E-Mail: catering@diewagners.at
www.diewagners.at

„Wirtshauscharme trifft kulinarische Selbstverwirklichung." So wird **Wagner's Wirtshaus** in Hollabrunn treffend beschrieben. Und das ist es, was Haubenkoch **Christoph Wagner** auch gerne hört. Schließlich ist das sein Ziel.

Von außen wirkt das kaiserlich gelbe Eckhaus wie so manch gutbürgerlicher Wirtshof kleiner ländlicher Städte. Ein Blick hinein lässt aber schnell auf mehr schließen. Modernes Design, ein beleuchtetes Weinregal als Raumtrenner und purpurfarbene Wände könnten das Restaurant auch in Wien vermuten lassen. Die Küche des aufstrebenden Chef de Cuisine und Inhabers Christoph Wagner sowieso. Gekocht hat er bereits in renommierten Häusern wie dem Vestibül, dem Bordeaux oder in der Rudalpe in Lech, bevor es ihn in seine Heimat, das Weinviertel, zurückzog. Dort betreibt er nun mit seinem Bruder Philipp, dem elegant-versierten Maître, das Wagner's Wirtshaus. Geradlinige Küche mit Einflüssen aus der klassischen Regionalküche und Akzenten der internationalen Haute Cuisine bringt er auf die Teller, passend dazu wird eine große Auswahl an Weinviertler Winzern in die Gläser gegossen.

Weinviertler Erdäpfel-Spinat-Laibchen

mit Bärlauch

Weinviertler Erdäpfel-Spinat-Laibchen

1 kg Weinviertler Erdäpfel, am besten eine rotschalige Sorte
160 g Semmelwürfel
3 Eier
100 g Käse, gerieben
150 g Cremespinat
Bärlauchpesto nach Geschmack
Kümmel, Salz, Pfeffer, Muskat
Olivenöl, Butter

Kräuterdip

125 g Sauerrahm
125 g Crème fraîche
50 g Kräuter, je nach Saison
Salz, Pfeffer, Worcestershiresoße

Weinviertler Erdäpfel-Laibchen: Die Weinviertler Erdäpfel schälen und gar kochen, anschließend die Erdäpfel pressen und ausdampfen lassen. Alle anderen Zutaten beigeben und mit Kümmel, Salz, Pfeffer, Muskat abschmecken. Falls die Masse zu feucht ist, kann man noch Semmelbrösel untermischen. In einer Pfanne Olivenöl erhitzen und die zu Laibchen geformte Masse beidseitig braten. Wenn die gewünschte Farbe erreicht ist, einen Würfel Butter zugeben.

Kräuterdip: Alle Zutaten für den Dip zu einer homogenen Masse verrühren und mit Salz, Pfeffer und Worcestershiresoße abschmecken.

Anrichten: Je drei Weinviertler Erdäpfel-Spinat-Laibchen auf den Teller legen und den Dip in einem separaten Schälchen servieren.

Rezept für 4 Personen

PROFITIPP: Falls kein Bärlauch zur Hand sein sollte, kann man ihn durch getrocknete Steinpilze oder getrocknete Tomaten ersetzen.

Schwierigkeitsgrad: leicht
Zubereitungszeit: 50 Minuten

DIE PERFEKTE BEGLEITERIN MIT STIL

Galant wie die **Wagramer Nuss** nun einmal ist, steht sie den Weinstöcken des Weinbaugebietes Wagram seit jeher zur Seite. Und das in natura oder im „kleinen Schwarzen".

Auf den mächtigen, nach Süden hin abfallenden Lößhängen des Wagram werden Grüner Veltliner, Roter Veltliner und Eisweine gekeltert. Doch nicht nur Wein findet in den tiefgründigen, frischen und nährstoffreichen Lehmböden perfekte Bedingungen. Auch die Wagramer Nuss fühlt sich hier wohl und spielt als traditionelle Begleitfrucht eine wichtige Rolle. So ist es nicht verwunderlich, dass das Wagramer Nussbrot ein Klassiker bei jeder Weinverkostung ist. Doch nicht nur in Brot, Strudel und Torte gibt die Wagramer Nuss den Geschmackston an, neben den ganzen Nüssen werden auch ausgelöste Walnusskerne und Walnussöl verkauft, ebenso die Schwarze Wagramer Nuss. Unreif wird die noch grüne Frucht nach einem jahrhundertealten Verfahren in großen Töpfen bis zu vier Jahre lang gelagert, bis sie ihren unvergesslichen, intensiven Geschmack bekommt und vom grünen Früchtchen zur in Schwarz gehüllten Grande Dame wird.

www.genuss-region.at/wagramer-nuss

VON ALLEM EIN BISSCHEN MEHR

Gourmetrestaurant Toni M.
Kleine Zeile 13–17
A-3483 Feuersbrunn
Tel.: +43 (0) 676/84 22 98 81
E-Mail: toni@moerwald.at
www.moerwald.at

Kulinarisch umtriebig, wie **Toni Mörwald** ist, steht sein **Gourmetrestaurant Toni M.** ebenfalls unter diesem Motto. Denn hier vereint der Multigastronom die Grundideen der großen Klassik mit seiner modernen Zubereitungs-Philosophie.

Nur wer alles kennt, der weiß, wo das Beste zu holen ist. Toni Mörwald ist einer von jenen, die das durchschaut haben. So entwickelte er eine Küchenlinie, die sich im Kanon der österreichischen Kochkultur bewegt und mit der klassischen Haute Cuisine zu einem neuen Geschmackserlebnis fusioniert wird. Dem hochdekorierten Koch gelingt es, kulinarische Meisterwerke zu erschaffen, die leicht, finessenreich und dabei doch elegant sind. Auf dem Teller finden sich nur erlesene Produkte, vorzugsweise solche aus der Wagramer Region. Und wie die Kulinarik, so das Interieur. Das Restaurant im Stammhaus in Feuersbrunn schafft ein Wohlfühl-Ambiente mit Akzenten der zeitgemäßen Innenarchitektur. Und weil 100 Prozent Toni Mörwald in den ästhetischen und lukullischen Kreationen stecken, hat er das Restaurant auch gleich so benannt: Gourmetrestaurant Toni M. Dem ist nichts hinzuzufügen.

Hirschlungenbraten im Baumkuchen

mit Maroni-Dörrzwetschgen-Gnocchi und eingelegten Wagramer Nüssen

Hirschlungenbraten
600 g Hirschlungenbraten
150 g Baumkuchen
50 g Kalbsfarce
4 Strudelteigblätter
2 EL Öl
Salz, Pfeffer, Wacholder

Maroni-Dörrzwetschgen-Gnocchi
100 g Erdäpfel
100 g Maronipüree
20 g Erdäpfelstärke
1 EL Butter
1 Eigelb
25 g Dörrzwetschgen
Salz, Pfeffer

Garnitur
eingelegte Wagramer Nüsse
Wildnage
250 ml Hirschsauce

Hirschlungenbraten: Den Backofen auf 180 °C vorheizen. Den Hirschlungenbraten zuputzen, in 4 gleich große Teile schneiden und würzen. Den Strudelteig auf 4 Stücke zu je 15 x 15 cm zuschneiden, den Baumkuchen dünn aufschneiden und gefächert auflegen. Jeweils mit Farce bestreichen und den Hirschlungenbraten daraufsetzen. Einrollen und in Öl rundherum anbraten, anschließend im Backofen 5 Minuten garen, die Temperatur auf 80 °C reduzieren und rasten lassen.

Maroni-Dörrzwetschgen-Gnocchi: Die Erdäpfel in der Schale kochen, kurz ausdampfen lassen, schälen, noch heiß durch die Presse drücken und mit dem Maronipüree vermischen. Stärke, Butter und Eigelb dazugeben und zu einem Teig verkneten. Die Dörrzwetschgen fein hacken, zu kleinen Kugeln formen und tiefkühlen. Sobald sie fest sind, Gnocchi formen und mit den Dörrzwetschgenkugeln füllen. In heißem Salzwasser einige Minuten ziehen lassen.

Anrichten: Die Maroni-Dörrzwetschgen-Gnocchi mit den aufgeschnittenen, eingelegten Wagramer Nüssen und der Wildnage auf dem Teller anrichten, den Hirschlungenbraten mittig platzieren und mit der Hirschsoße umgeben.

Rezept für 4 Personen

PROFITIPP: Als zusätzliches Geschmackselement können Pistazien in die Kalbsfarce eingearbeitet werden und Eierschwammerln als Beilage gereicht werden.

Schwierigkeitsgrad: schwer
Zubereitungszeit: 1½ Stunden

KU(H)NSTVOLLE POESIE AUF DEM BERG

Hoch auf den grünen Hügeln wächst das **Waldviertler Weiderind** zu einem kulinarischen Schwergewicht heran. Und darüber wird ausführlich Tagebuch geführt.

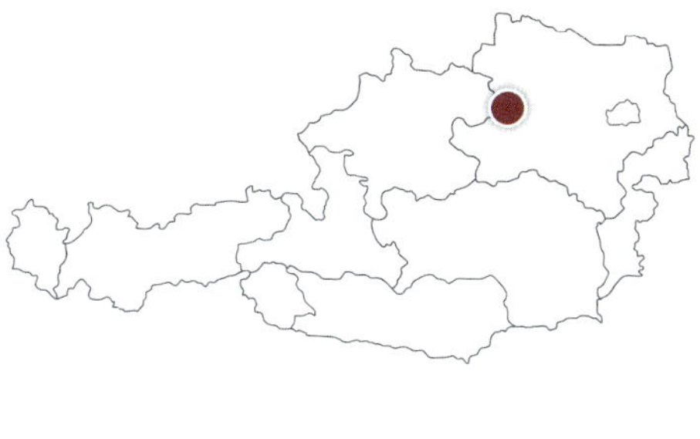

Zugegeben, es sind nicht unbedingt die Worte Goethes oder Schillers, die da im Poesiealbum stehen. Dafür aber solche, bei denen die Gourmets ins kulinarische Schwärmen kommen. Denn im sogenannten Weidetagebuch wird für jedes einzelne Waldviertler Weiderind Protokoll geführt. Mindestens 200 Tage müssen die Ochsen, Kalbinnen und Jungrinder auf den saftig grünen Weiden der Gemeinden Hofamt Priel, Nöchling, St. Oswald, Yspertal und Dorfstetten verbringen. Auf der Weide wachsen die Tiere, die bis zu 24 Monate alt werden, langsamer und bilden deshalb ein feinfasriges Fleisch, das den Ansprüchen der ernährungs- und umweltbewussten Feinschmecker gerecht wird. Eine zusätzliche 10-tägige Reifezeit garantiert ein Produkt der absoluten Extraklasse. Und das Waldviertler Weiderind schmeckt nicht nur hervorragend, sondern ist aufgrund seines hohen Gehalts an Omega-3-Fettsäuren auch besonders wertvoll.

www.genuss-region.at/waldviertler-weiderind

DIE SCHULE DES GUTEN GESCHMACKS

Bittermann Vinarium
Abt-Bruno-Heinrich-Platz 1
A-2464 Göttlesbrunn
Tel.: +43 (0) 21 62/811 55
E-Mail: info@bittermann-vinarium.at
www.bittermann-vinarium.at

Dort, wo einst das kleine Einmaleins gelehrt wurde, kreiert **Adi Bittermann** heute in der alten Volksschule von Göttlesbrunn große Cuisine vom Feinsten. Und das **Bittermann Vinarium** bekommt nicht nur von den Gourmetkritikern Bestnoten.

Schulen sind ja nicht unbedingt als kreative Brutstätte bekannt. Doch gegen diese Plattitüde verwehrt sich Adi Bittermann. Denn er und seine Frau Bettina haben am Göttlesberger Kirchenplatz in der alten Volksschule aus der Zeit Maria Theresias ein Novum geschaffen: Gourmetgastronomie trifft Top-Vinothek. Zugegeben eine durchaus sinnvolle Idee, liegt das beschauliche Örtchen doch mitten in einer der besten Weingegenden Österreichs. Über 260 Weine von 27 ortsansässigen Winzern kann man im durchgestylten Wohlfühldesign verkosten – und anschließend zu Ab-Hof-Preisen mitnehmen. Die Küche von Adi Bittermann ist ähnlich verführerisch wie der Weinbestand: Bodenständiges und zugleich ungewöhnlich Kreatives erliest man auf der jeden Tag wechselnden Karte. Das bringt dem innovativen Koch seit Jahren zwei Hauben von Gault Millau. Sehr gut, setzen und gleich bestellen!

O'brasseltes Schulterscherzl vom Waldviertler Weiderind

mit pochiertem Filetröllchen, Erdäpfelschmarrn, Steinpilzen und Jungzwiebeln

Schulterscherzl

1½ kg Schulterscherzl, vom Waldviertler Weiderind
2 EL Öl
250 ml Rubin Carnuntum
2 Thymianzweige
2 l Rindssuppe
200 g Wurzelgemüse, gewürfelt
Weißbrotbrösel
Butterschmalz
Salz, Pfeffer, Senf zum Würzen

Erdäpfelschmarrn

1 kg Waldviertler Erdäpfel
1 Zwiebel
Majoran, Kümmel, Salz, Pfeffer
2 EL Schmalz

Filetröllchen

4 Filets vom Waldviertler Weiderind à 100 g
100 g Steinpilze, geputzt
Salz, Pfeffer, Rosmarin, Olivenöl
1 EL Weißbrotbrösel
1 l Rindsuppe

Steinpilze

250 g Steinpilze, geputzt
1 EL Butter, Salz
Petersilie, frisch gehackt

Garnitur

1 Bund Jungzwiebeln

Schulterscherzl: Das Schulterscherzl von Sehnen und Haut befreien und zuputzen, salzen, pfeffern und mit Senf würzen. In einer Pfanne rundherum anbraten, mit dem Rotwein ablöschen und mit der Rindssuppe aufgießen. Gemeinsam mit den Thymianzweigen und dem Wurzelgemüse langsam für etwa 2,5 Stunden dünsten. Bei Bedarf Flüssigkeit nachgeben, bis das Scherzl schön weich ist. Anschließend das Scherzl herausnehmen und warm stellen, die Sauce einreduzieren lassen, aufmixen und passieren.

Erdäpfelschmarrn: Die Erdäpfel bissfest kochen, überkühlen und grob auseinanderbrechen. Die Zwiebel feinblättrig schneiden und im Schmalz goldgelb anbraten. Wenn die Zwiebel die richtige Farbe hat, die Erdäpfel dazugeben und auf der Unterseite knusprig anbraten lassen. Anschließend wenden, die Gewürze hinzufügen und danach in eine Form pressen und warm stellen.

Filetröllchen: Die Steinpilze kleinwürfelig scheiden und in einer Pfanne anschwitzen lassen. Mit Salz, Pfeffer, Rosmarin und Olivenöl würzen, mit den Bröseln binden und die Masse etwa 12 Minuten kalt stellen. Die Filets plattieren und die kalte Steinpilzmasse auftragen, nun Röllchen formen und in der auf etwa 50 °C erhitzten Rindsuppe für 30 Minuten pochieren. Bei niedriger Temperatur warm stellen.

Steinpilze: Die Steinpilze waschen, putzen und blättrig schneiden. In Butter anschwitzen, würzen und mit der Petersilie durchmischen.

Anrichten: Die Jungzwiebeln in feine Streifen schneiden und kurz in Butter sautieren. Das Schulterscherzl in Scheiben schneiden, in Weißbrotbrösel wälzen und in Butterschmalz beidseitig o'brasseln. Auf dem Teller den Erdäpfelschmarrn aufsetzen, das Scherzl daraufheben, mit den sautierten Steinpilzen belegen und das Filetröllchen daraufsetzen. Mit der reduzierten Sauce umgießen und mit den warmen Jungzwiebeln dekorieren.

Rezept für 4 Personen

PROFITIPP: Anstatt der Steinpilze für die Filetröllchen können auch getrockente Tomaten verwendet werden.

Schwierigkeitsgrad: mittel
Zubereitungszeit: 3½ Stunden

SCHILLERNDES GENUSS-GLANZLICHT

Sie ist die Diva unter den Fischen. In ihrem schillernden Schuppenkostüm bevorzugt die **Ybbstal Forelle** nur das reinste Wasser und ist selbst rank und schlank. Gourmets klatschen tosenden Beifall!

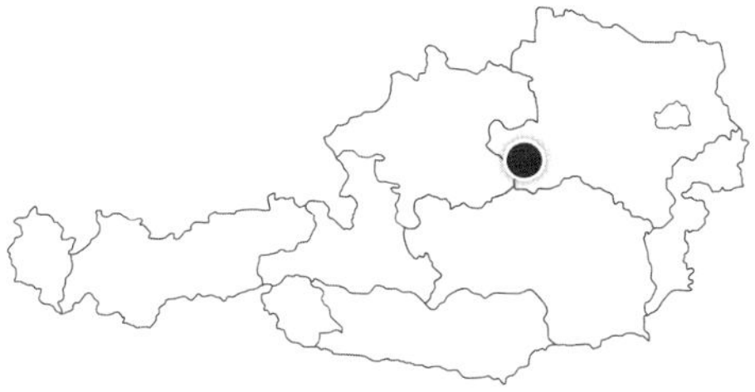

Ein bisschen Hollywood liegt der Ybbstal Forelle im Blut. Schließlich kommt ein Teil ihrer Familie aus Kalifornien. Amerikanische Forellen wurden zwischen 1880 und 1890 eingeführt und mit heimischen Arten gekreuzt. Heute sind diese Regenbogenforellen neben der Bachforelle und Saiblingen das Aushängeschild der Genussregion Ybbstal Forelle. Doch die Zucht von Forellen und Saiblingen hat im Ybbstal schon viel längere Tradition: Bereits vor 400 Jahren haben Kartäuser-Mönche in der Region zwischen Gaming und Brettl Teiche, die mit Wasser aus Bächen oder Quellen versorgt werden, angelegt. In den sauerstoffreichen und nährstoffarmen Gewässern wächst die Ybbstal Forelle zu einer Größe von 20 bis zu 50 Zentimetern heran und zeichnet sich durch ihr festes und schmackhaftes Fleisch aus. Und nicht nur das: Die Ybbstal Forellen sind auch fett- und kalorienarm. Eben ganz so, wie es sich für einen kulinarischen Superstar gehört.

www.genuss-region.at/ybbstal-forelle

EIN GOURMETWALZER IN DREI GÄNGEN

Hotel Schloss Dürnstein
A-3601 Dürnstein 2
Tel.: +43 (0) 27 11/212
E-Mail: hotel@schloss.at
www.schloss.at

„An der schönen blauen Donau", singt man unweigerlich auf der einzigartigen Dachterrasse des **Hotels Schloss Dürnstein** der Familie Thiery. Und wenn **Johann Zusser** seine kulinarischen Köstlichkeiten serviert, dann klopft das Genießerherz im Dreivierteltakt.

Das Schloss stammt aus dem 17. Jahrhundert, verwunderlich, dass ob des fantastischen Ausblicks über die Donauschlinge niemand früher auf die Idee gekommen ist, sich hier niederzulassen. Von der Familie Thiery liebevoll renoviert und mit Herzlichkeit erfüllt, lassen sich Stars und Sternchen in dem 5-Sterne-Haus gerne verwöhnen. Maßgeblich daran beteiligt ist Johann Zusser, Chef de Cuisine des Hotels. Mit seiner Küche, die ein perfektes Zusammenspiel von regionalen Rezepten mit internationaler Haute Cuisine ist, setzt er kulinarische Akzente. Diese lassen sich nicht nur auf der Terrasse unter den Schatten spendenden Bäumen genießen, sondern auch in den festlichen Gewölben des prachtvollen Schlosses. Und nachdem Dürnstein als die Perle der Wachau gehandelt wird, gibt das Restaurant des Hotels Schloss Dürnstein dem Ort den letzten Schliff.

Ybbstal Forelle mit eigenem Kaviar

Basilikum, Kürbiskraut und Rote Rüben-Püree

Forelle
2 Forellen à 350 g
80 g Lachsfilet, ohne Haut
80 ml Schlagobers
8 Stück Krebsschwänze
10 Scheiben grüner Speck
Olivenöl, Zitronensaft, Salz, Pfeffer
diverse Gemüsewürfel
Dille, fein geschnitten
Blattspinat, blanchiert

Basilikumsauce
2 Schalotten, 50 g kalte Butter
1 kleiner Bund Basilikumblätter
Salz, Pfeffer, weiß, Butter
60 ml Weißwein, 60 ml Schlagobers, 60 ml Fischfond

Kürbiskraut
200 g Muskatkürbis, 40 g bunte Paprika, etwas Paprikapulver
2 Schalotten, Dille, Salz, Pfeffer
Muskat, gerieben, Weißweinessig
etwas Kürbisreste, 60 ml Schlagobers, etwas kalte Butter

Rote Rüben-Püree
200 g Rote Rüben
150 g mehlige Kartoffeln
50 g Butter, etwas Schlagobers
4 x 4 verschieden große Kreise von weich gekochten Rüben
4 Rüben-Chips
Salz, Muskat, Kümmel, Kren, Forellenkaviar

Forelle: Die beiden Forellen filetieren und aus dem Lachsfilet, dem Schlagobers und allen Gewürzen eine Farce bereiten. Die blanchierten Gemüsewürfel und die fein geschnittene Dille als Einlage beigeben.
Die Forellenfilets entgräten und mit Olivenöl, Salz und Zitrone würzen. Jeweils 2 Filets mit der Hautseite nach unten auflegen, mit dem blanchierten Spinat belegen und der Lachsfarce bestreichen. Nun die Krebsschwänze als Einlage beigeben und das bestrichene Filet mit dem unbehandelten Filet zusammenklappen. Abschließend mit dem grünen Speck umwickeln. In der erhitzten Pfanne beidseitig anbraten und im Backofen bei 160 °C fertig garen. Bis zum Anrichten warm stellen.

Basilikumsauce: Die fein geschnittenen Schalotten in Butter anschwitzen, mit Weißwein ablöschen und mit dem Fischfond sowie dem Schlagobers aufgießen. Die Flüssigkeit bis zur Hälfte einreduzieren, die Basilikumblätter mit dem Stabmixer in die Sauce einmixen und mit der kalten Butter vollenden. Vor dem Anrichten nochmals aufschäumen.

Kürbiskraut: Den fein nudelig geschnittenen Kürbis einsalzen, etwas ruhen lassen und danach ausdrücken. Dabei den Saft auffangen. Nun die würfelig geschnittenen Schalotten anschwitzen, Kürbisreste dazugeben, leicht paprizieren, Kürbissaft und Schlagobers beigeben, weich kochen und pürieren. Anschließend Dille und Paprika beigeben, abschmecken, mit Butter montieren und den geschnittenen Kürbis einrühren und mit etwas Weißweinessig vollenden.

Rote Rüben-Püree: Würfelig geschnittene Erdäpfel und Rüben mit Schlagobers weich kochen, anschließend passieren, mit Butter, den Gewürzen und Kren vollenden. Abwechselnd mit den Rübenscheiben zu einem Türmchen formen und mit dem Rübenchip obenauf finalisieren.

Anrichten: Alle einzelnen Gerichte zu einem harmonierenden Teller anrichten, mit Forellenkaviar, Dille und Basilikum vollenden.

Rezept für 4 Personen

PROFITIPP: Nach dem Abschmecken das Kürbiskraut nur leicht ziehen lassen, damit der Kürbis bissfest bleibt.

Schwierigkeitsgrad: mittel
Zubereitungszeit: 1½ Stunden

DAS BESTE KOMMT VON OBEN

Meister fallen nicht vom Himmel, aber auf jeden Fall Meisterliches. Denn schließlich fallen die Früchtchen für den **Mostviertler Birnmost** von den Hochstammbäumen der traditionellen Streuobstwiesen.

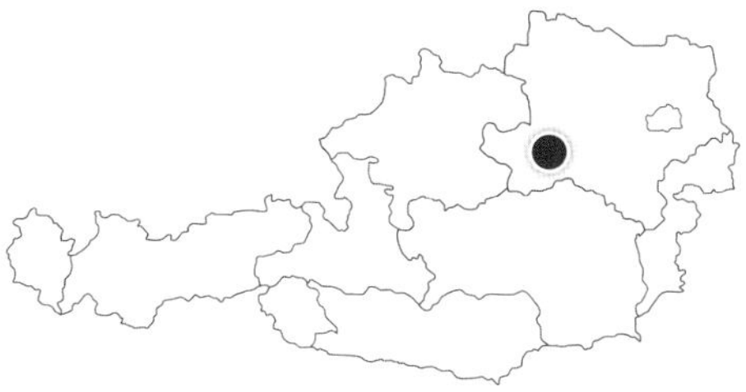

Eine Riege aus gestandenen Männern sind die Herren üben den Mostviertler Birnmost. Es sind die Mostbarone, die dem traditionellen Getränk zu neuem Ruhm verhelfen. Denn dieser hat nach seiner Blütezeit im 18. und 19. Jahrhundert und in der Zwischenkriegszeit ein wenig an Glanz verloren. Auf über Hunderttausend Bäumen, die meisten davon sind bereits mehr als 100 Jahre alt, wachsen die traditionellen Sorten für den Mostviertler Birnmost: Pichlbirne, Amstettner Mostbirne, Dorschbirne, Honnelbirne oder auch die Speckbirne. Die typischen Mostbirnen sind es, die dem Birnmost seinen charakteristischen Geschmack und sein Aroma geben. Von Hand gelesen und gewaschen, werden die Mostbirnen nach alter Tradition ohne Zugabe von Fruchtsaftkonzentrat oder Apfelsaft zu dem fruchtigen Birnmost vergoren. Das hellgelbe bis bernsteinfarbene Trendgetränk genießt man in vier Geschmacksrichtungen: mild, halbmild, kräftig und resch.

www.genuss-region.at/mostviertler-birnmost

VOM SPIEL DER REGIONALITÄT MIT DER AVANTGARDE

Relais & Châteaux Hanner
Restaurant . Hotel . Meetingpoint
A-2534 Mayerling 1
Tel.: +43 (0) 22 58/23 78
E-Mail: hanner@hanner.cc
www.hanner.cc

Die Küche ist sein Atelier, die Produkte die Farbpalette und seine Leinwand sind die Teller: **Heinz Hanner** lebt und kocht im **Relais & Châteaux Hanner** Kreativität in allen Belangen und nach den unauflöslichen Regeln der guten Küche.

Heinz Hanner ist eine der schillerndsten Persönlichkeiten in der Arena des österreichischen Kochzirkus. Und mit seinen zahlreichen Auszeichnungen in diversen Gourmetführern zählt er auch zu den Besten im Land. In seinem wunderschön gestalteten Relais & Châteaux Hanner in Mayerling trifft Innovation auf Inspiration, Regionaliät auf Avantgarde und Handwerk auf Freigeist. Sein Motto: „Stark saisonal und regional geprägte Küche, kombiniert mit den Vorzügen der klassischen sowie jenen der modernen Cuisine und ausgerichtet auf die Nachhaltigkeit des Wohlgeschmacks, nicht auf den flüchtigen Akzent.“ Große Worte, denen Hanners Kreationen aber mehr als entsprechen. Inspiration holt sich der Grand Chef in seinem kreativen Umfeld – sowie in der Küche. Denn dort erlauben drei raumhohe Fenster einen malerischen Blick über den Wienerwald.

Rehbock aus dem Wienerwald

mit Bröselkarfiol, frischen Mandeln, Brombeere und Mostviertler Birnmost

Rehbock
4 Stück vom Rehrücken à 180 g
braune Butter, Salz, Pfeffer
Weißbrot, ohne Rinde
frische Käuter
wie Minze oder Estragon

Bröselkarfiol
150 g Karfiol
braune Butter
80 g grüne Mandeln

Karfiolpüree
300 g Karfiol
150 ml Geflügelfond
braune Butter, Salz, Pfeffer,
Muskat, Cayennepfeffer

Mostviertler Birnmost-Gelee
500 ml Mostviertler Birnmost
2 Blatt Gelatine
3½ g Agar-Agar

Brombeergelee
250 g Brombeermark
2 Blatt Gelatine
3½ g Agar-Agar

Garnitur
1 Kornspitz

Rehbock: Den Rehrücken mit Salz und Pfeffer würzen und in brauner Butter anbraten. Danach bis 180 °C für 7 Minuten im Backofen garen. Anschließend herausnehmen und in einer Alufolie ziehen lassen.
Weißbrot entrinden und im Backrohr ohne Luftfeuchtigkeit trocknen. Dann das trockene Brot mit den frischen Kräutern im Mixer fein reiben und dann die grünen Brösel mehrmals kurz im Ofen antrocknen. Nochmals reiben, bis sie ganz fein sind.

Bröselkarfiol: Karfiol kernig weich kochen und in brauner Butter schwenken, mit den Bröseln bestreuen und etwas braun rösten. Die grünen Mandeln schälen und zugeben.

Karfiolpüree: Den Karfiol weich kochen, abschmecken und mit Geflügelfond und etwas brauner Butter mixen, mit Salz, Pfeffer, Muskat und Cayennepfeffer würzen.

Mostviertler Birnmost-Gelee: Den Birnenmost erwärmen und mit der eingeweichten Gelatine und Agar-Agar binden. In eine rechteckige Form gießen. Zuvor die Form mit Klarsichtfolie auskleiden, damit das Gelee leichter herausfällt.

Brombeergelee: Das erwärmte Brombeermark mit der eingeweichten Gelatine und Agar-Agar binden. Wie beim Mostviertler Birnmost zubereiten.

Anrichten: Den Kornspitz einfrieren und dann mit der Aufschnittmaschine dünn schneiden und im Backrohr trocknen. So entsteht auf einfache Art ein Chip. Das Fleisch in den Bröseln wälzen und in Medaillons schneiden. Mit dem Püree einen Strich ziehen, den Bröselkarfiol mit den Mandeln dazugeben. Den Chip mit Kräutersalat garnieren.

Rezept für 4 Personen

PROFITIPP: Um einen geraden Brotchip zu bekommen, legen Sie auf das Brot eine Lage Backpapier und ein zweites Blech.

Schwierigkeitsgrad: schwer
Zubereitungszeit: 2 Stunden

DIE KÖNIGIN DER WILDFRÜCHTE

Rote Lippen soll man küssen. Wie wäre es mit denen der **Pielachtaler Dirndln**? Aber eigentlich sollte man die Früchte des Hartriegels im Stück vernaschen, oder als Schnaps, Marmelade und Saft!

Im Lateinischen cornus mas, im Deutschen Kornelkirsche, auf gut Pielachtalerisch einfach Dirndlstaudn. Warum die olivgroße, korallrot bis fast schwarze Frucht so heißt, weiß keiner, man kann nur vermuten, weil sie gesund und genauso süß wie herb ist – eben wie die echten Pielachtalerinnen. Das Tal der Dirndln erstreckt sich von 280 bis auf 1195 Höhenmeter und die Sonnenseiten der Hügel sind flankiert von den gelb blühenden Dirndlsträuchern. An die 20.000 sechs bis acht Meter hohen Sträucher kann man zählen. Einige davon haben fast biblisches Alter, der älteste ist 450 Jahre. Mindestens so lange wird die Dirndl schon zu Marmelade, Gelee, Kompott bis hin zum klassischen original Pielachtaler-Dirndlbrand verarbeitet. Aber egal, wie die Pielachtaler Dirndl auch genossen wird, die traditionell vom Boden aufgelesenen, vollreifen Dirndln selbst haben einen süß-gerbsäuerlichen Fruchtgeschmack, der einfach unverkennbar ist.

www.genuss-region.at/pielachtaler-dirndl

DIE GRANDE DAME DER KULINARIK

Landhaus Bacher
Südtirolerplatz 2
A-3515 Mautern
Tel.: +43 (0) 27 32/829 37
E-Mail: info@landhaus-bacher.at
www.landhaus-bacher.at

Lisl Wagner-Bacher ist eine der wenigen Frauen, die ganz oben im Kochbusiness mitspielen. Das **Landhaus Bacher** ist ihr Refugium und gemeinsam mit ihrer Familie verwöhnt sie dort Gourmets auf höchstem Niveau.

Lisl Wagner-Bacher ist eine bemerkenswerte Köchin. Doch das stellte sich erst heraus, als sie wegen ihrer ersten Schwangerschaft vom Service in die Küche des elterlichen Betriebs wechselte. Das war in den frühen 80er-Jahren und seitdem stehen die Töpfe im Landhaus Bacher in Mautern nicht mehr still. Die charmante und hochdekorierte Köchin komponiert dort aus erlesenen Zutaten, versehen mit regionalen und mediterranen Akzenten, eine Küche, die so unverwechselbar ist wie die Wachau selbst. Genauso speziell sind auch die Familienbande: Mit am Herd steht Thomas Dorfer, seines Zeichens von Gault Millau zum „Koch des Jahres 2009" gewählt und Schwiegersohn von Lisl Wagner-Bacher. Und zusammen mit ihrem Ehemann und den beiden gemeinsamen Töchtern hat die Ausnahmeköchin einen Familienbetrieb geschaffen, den nicht nur die nationale Gourmetelite zu schätzen weiß.

Geräucherte Perlhuhnbrust

mit Pielachtaler Dirndl-Gelee und Maronidressing

Perlhuhnbrust
2 Perlhuhnbrüste
Räuchermehl
Öl, Butter

Pielachtaler Dirndl-Gelee
250 g Kristallzucker
250 ml Rotwein, 250 ml Portwein
500 g Pielachataler Dirndln
8 Blatt Gelatine
Honig, Salz, Pfeffer

Maronidressing
4 EL Balsamico
3 EL Honig
6 EL Sonnenblumenöl
60 g Maroni, gekocht und gehackt
20 g Haselnüsse, gehackt
Salz, Pfeffer

Garnitur
Blattsalat
4 eingelegte schwarze Nüsse

Perlhuhnbrust: Um die Perlhuhnbrüste zu räuchern, das Räuchermehl in einem Topf bis zur Rauchentwicklung erhitzen, das Geflügel auf einen passenden Gittereinsatz legen und mit einem Deckel oder Alufolie luftdicht verschließen. Für etwa 4 Minuten räuchern. Die Brüste in einem Vakuumsack für 6 Minuten garen, abkühlen lassen und vor dem Servieren auf der Hautseite anbraten. Schließlich salzen und in dünne Scheiben schneiden.

Pielachtaler Dirndl-Gelee: Den Kristallzucker im Topf schmelzen und mit Portwein und Rotwein ablöschen. Die Dirndln hinzufügen und weich kochen. Dann salzen, pfeffern, mit etwas Honig abschmecken und passieren. Die Gelatine im Portwein auflösen und zu den passierten Dirndln mischen. Das gut abgeschmeckte Gelee etwa 0,5 cm hoch auf ein Blech gießen und im Kühlschrank stocken lassen.

Maronidressing: Balsamico, Honig und das Sonnenblumenöl verrühren, Maroni und Nüsse hacken und in die Marinade mixen. Anschließend mit Salz und Pfeffer abschmecken.

Anrichten: Den Blattsalat in kleine Blättchen zupfen, waschen, gut abtropfen lassen und mit dem Maronidressing marinieren. Das Pielachtaler Dirndl-Gelee je Teller auf 10 x 6 cm zurechtschneiden und mittig platzieren. Die angebratenen Perlhuhnbrustscheiben darauf anrichten, mit Salat und den angeschnittenen schwarzen Nüssen vervollständigen.

Rezept für 4 Personen

PROFITIPP: Als Salate eignen sich sehr gut ausgefallene Arten wie Löwenzahl, Eichblatt oder klassische wie Frisée und Ruccola.

Schwierigkeitsgrad: mittel
Zubereitungszeit: 1½ Stunden

GENUSSVOLLE ROLLENSPIELE

Eine Heurigenjause ohne den **Mostviertler Schofkas** ist nicht vollständig. Dabei ist die weiße Rolle nur nebenbei entstanden. Die Erfolgsgeschichte vom Nebenprodukt zum kulinarischen Haupttreffer.

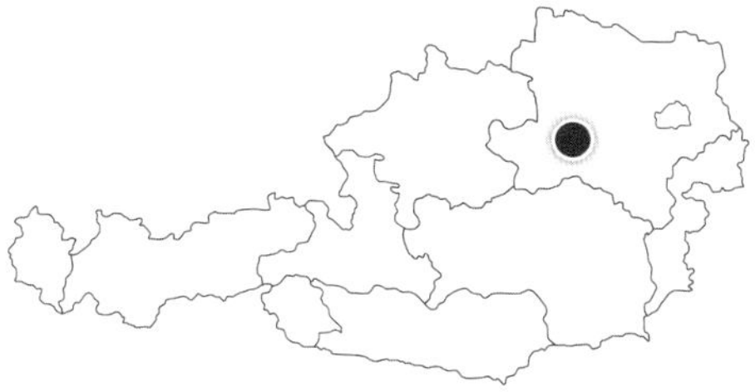

Strahlend weiß wie die Schneefelder des Ötscher und das Fell der Schafe leuchtet der Mostviertler Schofkas von den Brettln der Heurigenjause. Rund um den grauen Riesen, in den Tälern der nördlichen Kalkalpen und auf den grünen Hügeln, entsteht diese cremige, angenehm mild-würzige Köstlichkeit bereits seit Hunderten von Jahren. Doch es dauerte, bis man ihr wahres kulinarisches Potenzial erkannte. Als Nebenprodukt der Schafe, die im Mostviertel vor allem wegen ihrer Wolle gezüchtet wurden, stellten die Bauern aus reiner Schafsmilch die weiße Käserolle für sich selbst her. Heute ist der nach original Erlauftaler Art hergestellte Mostviertler Schofkas ein begehrtes Gut unter Gourmets und Spitzenköchen. Leicht und erfrischend durch seine Säure, ist der Frischkäse, traditionell mit Schnittlauch, Salz und Pfeffer bestreut, ein passender Begleiter für den Mostviertler Birnmost und auch in Salaten oder als Terrine ein kulinarischer Haupttreffer.

www.genuss-region.at/mostviertler-schofkas

DAS GENIALE GENUSS-DUO

Rosenbauchs
Restaurant • Vinothek • Wirtshaus
Rechte Bahnzeile 9
A-2483 Ebreichsdorf
Tel.: +43 (0) 22 54/723 38
E-Mail: office@rosenbauchs.at
www.rosenbauchs.at

Ein Bahnhofslokal ist typischerweise Mittel zum Zweck. Doch keine Regel ohne Ausnahme: Die Zwillinge **Franz und Karl Rosenbauch** haben in Ebreichsdorf aus der Wirtschaft der Eltern das Gourmetrestaurant **Rosenbauchs** geschaffen, aus dem man nicht mehr abreisen will.

Die Patrone des Restaurants Rosenbauchs, Franz und Karl Rosenbauch, könnten unterschiedlicher nicht sein, auch wenn man es ihnen auf den ersten Blick nicht ansieht: Denn die beiden sind eineiige Zwillinge. Das geniale Brüdergespann hat 1999 das Wirtshaus der Eltern, damals noch der Breughelhof, übernommen, 2006 generalsaniert und führt seit acht Jahren zwei Hauben von Gault Millau. Ausschlaggebend dafür ist die bodenständige Fusionsküche von Franz Rosenbauch, dem ruhigen Chef de Cuisine. Er formt frische Kräuter aus dem Garten, Produkte aus der Region und heimische Klassiker kompromisslos zu neuen Kompositionen und macht diese mit modernen Kochphilosophien wie das Cuisson sous Vide unverkennbar. Das perfekte Service sowie die passende Weinbegleitung von Karl Rosenbauch, dem Restaurantleiter und Frontmann der Brüder, perfektioniert das Genusserlebnis.

Landei auf flüssigem Salat

mit Loibersbacher Hammerfleisch, schwarzem Trüffel und Mostviertler Schofkas

Pochiertes Landei
- 4 Landeier

Flüssiger Salat
- 6 cl Weißweinessig
- 500 g Rucola
- 250 g Vogerlsalat
- 250 ml Olivenöl
- 6 cl Weißweinessig
- Salz, Pfeffer, Zucker, Kümmel

Garnitur
- 12 Blatt Loibersbacher Hammerfleisch
- 2 Rollen Mostviertler Schofkas
- 1 schwarzer Trüffel

Pochiertes Landei: Kleine Schälchen mit Klarsichtfolie auslegen und zeitgleich Wasser mit etwas Essig in passendem Topf zum Sieden bringen. Eiskalte frische Eier einzeln wie Spiegeleier in den Schälchen aufschlagen, die überlappende Klarsichtfolie zu einem kleinen Beutel formen und oben zubinden. Den so entstandenen Beutel ins Wasser gleiten lassen und für etwa 5 Minuten bei etwa 90 °C ziehen lassen. Wenn die Eier schön cremig sind, aus dem Wasser nehmen und die Klarsichtfolie entfernen.

Flüssiger Salat: Den Rucola und den Vogerlsalat kurz blanchieren, mit kaltem Wasser und anschließend mit Olivenöl, Weißweinessig und den Gewürzen zu einer homogenen Pasta mixen. Eventuell durch ein Sieb passieren.

Anrichten: Flüssigen Salat auf dem Teller verteilen, das pochierte Ei mittig daraufsetzen und nun vorsichtig den gehobelten Trüffel, die dünnen Scheiben von Hammerfleisch und den in Scheiben geschnittenen Mostviertler Schofkas darüberlegen. Mit frischen Kräutern aus den Garten dekorieren.

Rezept für 4 Personen

PROFITIPP: Sollte der flüssige Salat zu flüssig sein, kann man auch ein Pesto mit Pinienkernen und Basilikum zubereiten.

Schwierigkeitsgrad: leicht
Zubereitungszeit: 15 Minuten

WILDER WALD DER VORALPEN

Bambi hätte sich gefreut. Denn die dichten Wälder, hellen Lichtungen und schroffen Hänge der Alpen sind perfekt für das **Lilienfelder-Voralpen Wild**. Und das schmeckt man.

Mehr Bäume geht nicht. Zumindest in Österreich. Der Bezirk Lilienfeld ist mit Abstand der waldreichste Bezirk des Landes und in ihm tummelt sich mehr als ein Drittel des gesamten Wildbestandes Niederösterreichs. Kein Wunder, umgeben von Bergen, deren Gipfel bis zu 1800 Meter hoch sind, findet das Lilienfelder-Voralpen Wild genügend Rückzug bei den idyllischen Seen, in den weitläufigen Tälern und in der lieblichen Hügellandschaft vor den alpinen Regionen. So ist es nicht überraschend, dass sich nicht nur Reh, Hirsch, Gams und Mufflon wohlfühlen, sondern auch das Wildschwein. Durch die hervorragenden Bedingungen und auch die verschiedenen Kräuter in der Genuss Region besitzt das dunkle Wildfleisch einen charakteristischen und sehr aromatischen Geschmack. Zudem ist es kalorien- und cholesterinarm, hat einen geringen Fettgehalt und besitzt einen hohen Eiweißanteil. Ideal also für Feinschmecker, die auf ihre Linie achten.

www.genuss-region.at/lilienfelder-voralpen-wild

GENUSS SCHMECKT ROT-WEISS-ROT

Gasthof Gnedt
A-3195 Kernhof 2
Tel.: +43 (0) 27 68/25 35
E-Mail: gasthof@gnedt.at
www.gnedt.at

Österreichische Spezialitäten sind das Steckenpferd von **Marianne Gnedt.** Im **Gasthof Gnedt** setzt sie voll auf Heimisches und galoppiert mit ihrem Können den anderen davon.

1890 war der Gasthof Gnedt bereits die Nummer 1 am Platze. Das lag aber eher daran, dass das Lokal als Bahnhofsrestaurant eröffnet wurde. Heute, mehr als 110 Jahre später, ist der Strom an Gästen nicht abgerissen. Aber nicht, weil man hier die Wartezeit überbrückt, sondern weil sich hier für viele feingaumige Genießer das Ziel ihrer Reise befindet. Marianne Gnedt überzeugt mit bodenständiger, aber facettenreicher Küche, die als Basis immer heimische Produkte hat. Die oberste Priorität des Familienbetriebs Gnedt lautet Saisonalität, Frische und Regionalität. Kulinarische Akzente setzt die sympathische Köchin ebenso. Chinesische und griechische Abende im Frühjahr, Frühschoppen und Gartenfeste im Sommer und eine Ganslwoche im Herbst haben Tradition. Aber vor allem eins darf nicht fehlen: Während der gesamten Jagdsaison stehen Wildspezialitäten auf dem kulinarischen Fahrplan.

Geröstete Gamsrückenstreifen

mit Thymian, Knoblauch und Schupfnudeln

Gamsrücken

1 Gamsrücken, ausgelöst
50 g Butter
500 ml Rindsuppe
250 ml Schlagobers
2 Knoblauchzehen
Piment, Pfeffer, Thymian, Lorbeerblatt, Salz, Zitronenpfeffer
Mohnöl

Schupfnudeln

1 kg mehlige Erdäpfel, gekocht und geschält
3 Eier
Salz, Muskat
50 g Butter

Gamsrücken: Den Gamsrücken in feine Streifen schneiden, mit zerstoßenem Piment, Zitronenpfeffer, Thymian, Lorbeerblatt und Mohnöl würzen. Anschließend einige Stunden im Kühlschrank durchziehen lassen. Nachdem die Gewürze in das Fleisch eingezogen sind, die Gamsstreifen herausnehmen, salzen und in heißem Mohnöl scharf anbraten.
Die Gamsstreifen aus der Pfanne heben und warm stellen. Butter aufschäumen und leicht stauben, mit der Rindsuppe ablöschen. Den Schlagobers zugeben, mit reichlich Thymian und Knoblauch würzen und einreduzieren lassen. Das Fleisch in die einreduzierte Sauce geben und nochmals kurz aufkochen lassen.

Schupfnudeln: Die Erdäpfel gleich nach dem Kochen pressen und ausdampfen lassen. Mit den restlichen Zutaten zu einem geschmeidigen Teig verarbeiten und diesen anschließend in kleine Stücke teilen. Mit der Handfläche etwa 8 cm lange Nudeln formen. Die fertig geformten Schupfnudeln in reichlich milde köchelndem Salzwasser für etwa 3 Minuten kochen. Wenn die Nudeln oben schwimmen, sind sie fertig.

Anrichten: Die Schupfnudeln gleichmäßig auf dem Teller verteilen und die Gamsrückenstreifen daraufsetzen. Wahlweise mit frischen Preiselbeeren dekorieren.

Rezept für 4 Personen

PROFITIPP: Die Schupfnudeln kann man auch mit brauner Butter verfeinern oder eine halbe Stunde tiefkühlen und danach bei 180 °C frittieren.

Schwierigkeitsgrad: leicht
Zubereitungszeit: 45 Minuten

GOLDIGER GENUSS IM GLAS

„Bäumchen, rüttel dich und schüttel dich, wirf Gold und Silber über mich!" An diesen Bäumen wachsen zwar Äpfel, doch wenn dann der **Bucklige Welt Apfelmost** entsteht, so wird selbst das Aschenputtel ein wenig neidisch.

Haselapfel, Grazerapfel, Winterlingapfel, Bohnapfel, Schafsnase, Rainette, Brünnling oder Krummstiel – die insgesamt 180 Sorten von Äpfeln aufzuzählen, aus denen in der Buckligen Welt Apfelmost gewonnen wird, würde den Rahmen sprengen. Nur so viel: Rein darf nur, wer saftig und auf den sanften, grünen Buckeln des südlichen Niederösterreichs in der Sonne gereift ist. Wenn dann die vollreifen Früchte abfallen, dürfen sie auf dem Boden noch ein wenig nachreifen, bevor sie händisch aufgelesen werden. In einem jahrhundertealten Verfahren werden die Äpfel anschließend in den blassgelben bis goldgelben Bucklige Welt Apfelmost verwandelt, zu einem ausgewogenen und harmonischen frischen Tropfen Natur. Wie er schmeckt, ist genauso schwer zu beschreiben, wie es Apfelsorten gibt. Jede für sich außergewöhnlich, die Aromenpalette reicht von mild-fruchtig bis pikant-herb. Aber eines ist sicher: Dieses Gold wird im Wert steigen.

www.genuss-region.at/bucklige-welt-apfelmost

HIER HAT GESCHMACK TRADITION

Post Hönigwirt
Günser Straße 2
A-2860 Kirchschlag
in der Buckligen Welt
Tel.: +43 (0) 26 46/22 16
E-Mail: hotel.post.hoenig@aon.at
www.hotel-post-hoenig.at

Sucht man in Kirchschlag die erste Adresse in Sachen Kulinarik, so sollte man zur alten Post gehen. Dort werden im **Post Hönigwirt** nicht mehr Briefe, sondern kulinarische Schmankerln von **Christoph Hönig** zugestellt.

Im traditionsreichen Haus im Stadtzentrum von Kirchschlag hat der Genießer nicht nur einen direkten Zugang zum Schlossberg, sondern auch zu den besten Produkten aus der Buckligen Welt. Christoph Hönig trifft mit seiner niveauvollen Küche den Puls der Zeit und bleibt dabei aber trotzdem mit beiden Beinen in seiner kulinarischen Heimat. Um seiner Küchenphilosophie treu zu bleiben, also saisonal und regional anspruchsvoll zu kochen, wechselt er alle sechs Wochen die Karte und bietet zudem tagesfrische Schmankerln an. Genießen kann man diese in den verschiedenen Räumlichkeiten des Post Hönigwirts: Vom eleganten Landhausstüberl über das urige Gastzimmer bis zum hellen Wintergarten findet jeder sein Lieblingsplatzerl. Nur ein Platz ist nicht zu vergeben und das ist der alteingesessene Familientisch. Denn wo Tradition herrscht, sollte man mit solchen Riten auch nicht brechen.

Apfelkaltschale

vom Bucklige Welt Apfelmost mit Vanilleeis

Kaltschale

600 g Äpfel, geschält und entkernt
500 ml Apfelsaft, gekühlt und naturtrüb
250 ml Bucklige Welt Apfelmost, gekühlt
120 g Staubzucker
4 cl Zitronensaft
4 cl Apfelschnaps

Vanilleeis

500 ml Vollmilch
60 ml Schlagobers
120 g Kristallzucker
2 Eidotter
Mark einer ½ Vanilleschote

Kaltschale: Alle Zutaten in einem Mixbecher fein pürieren. Danach mit dem Apelschnaps verfeinern.

Vanilleeis: Alle Zutaten (ausgenommen Dotter) gemeinsam aufkochen lassen. Die heiße Vanillemilch kräftig unter die beiden Dotter rühren. Die Masse abkühlen und in einer Eiscrememaschine oder einem Froster durchfrieren lassen.

Anrichten: Die Apfelkaltschale in gekühlte Schalen füllen, je zwei Kugeln Vanilleeis hinzufügen und sofort servieren.

Rezept für 4 Personen

PROFITIPP: Die Apfelkaltschale frisch zubereiten, da sich die Aromen schnell verflüchtigen.

Schwierigkeitsgrad: leicht
Zubereitungszeit: 4 Stunden inklusive Ruhezeit

GENUSSVOLLE GÖTTERSPEISE

In China galt der Spargel als Heilpflanze, in Ägypten verehrte man ihn als göttlich. Heute ist der **Marchfeldspargel g.g.A.** eine Delikatesse. Und da ihn Nofretete gut fand, macht er bestimmt schön.

Pharao Echnaton und seine Gattin Nofretete ernannten den Spargel im 14. Jahrhundert vor Christus zur Götterspeise. Eine große Ehre für so eine kleine Stange. Aber nicht unverdient, denn Spargel ist ausgesprochen kalorienarm, enthält Eiweiß, Ballaststoffe, verschiedene Vitamine und Mineralstoffe. Im Marchfeld, der größten Ebene Niederösterreichs, gedeiht das Powergemüse seit dem Ende des 19. Jahrhunderts. Im Süden von der Donau, im Osten von der March, im Norden vom Hügelland des Weinviertels und im Westen vom Bisamberg begrenzt, findet der Marchfeldspargel g.g.A. optimale Bedingungen. Der weiße und der grüne Spargel der Genuss Region zeichnen sich durch ihr typisches Aroma aus und bestechen durch ihre besondere Zartheit. Charakteristisch ist der geringe Gehalt an Bitterstoffen und abgerundet wird der köstliche Geschmack durch ätherische Öle, Asparaginsäure, Vanillin und andere pflanzliche Wirkstoffe.

www.genuss-region.at/marchfeldspargel

DAS EINMALEINS DES GESCHMACKS

Buchinger's Gasthaus
„Zur Alten Schule"
Wolkersdorfer Straße 6
A-2122 Riedenthal ob Wolkersdorf
Tel.: +43 (0) 22 45/825 00
E-Mail: manfred@buchingers.at
www.buchingers.at

Dem internationalen Jetset hat **Manfred Buchinger** den Rücken gekehrt. In seinem **Buchinger's Gasthaus „Zur Alten Schule"** stehen nationale Schmankerln auf dem Stundenplan. Da kommt man gerne zum Nachsitzen.

Manfred Buchinger hat fast jeden Kontinent bekocht, zudem auf den Weltmeeren aufgetischt und Stars wie Richard Burton, Bo Derek, Franz Beckenbauer oder die internationale Politelite mit seinen Kreationen verwöhnt. Doch dann zog es ihn in das Weinviertel zurück. Da kommt der vielfach ausgezeichnete Koch nämlich her. Nun ist er nicht nur Küchendirektor, sondern auch Schulleiter im kleinen beschaulichen Örtchen Riedenthal ob Wolkersdorf. Denn sein Restaurant ist die alte Schule des Dorfes, seine Schüler, gewillte Gourmets und dem Genuss nicht abgeneigte Feinspitze. Auf dem überaus köstlichen Lehrplan finden sich außergewöhnliche österreichische Schmankerln und die besten Produkte, die das Weinviertel so hergibt. Und aus diesen zaubert Manfred Buchinger, ganz in alter Manier, herzhafte Gerichte, für die man gerne einen römischen Einser mit Sternchen vergeben würde.

Marchfelder Frühlings-Spargel
„scharf" gebraten

Marchfelder Frühlings-Spargel

1 kg Marchfelder Spargel, gemischt $^1/_3$ grün & $^2/_3$ weiß, gewaschen und geschält
4 Scheiben luftgetrockneter Weinviertler Schinken, dünn geschnitten
2 EL Rapsöl
2 EL Butter
4 EL Chilisauce, hot
1 EL Paprika, in Würfel geschnitten
4 Zweige Zitronenverbena
Salz, Prise Zucker
125 ml Gelber Muskateller

Marchfelder Frühlings-Spargel: Den Spargel in Scheiben schneiden und anschließend das Rapsöl gemeinsam mit der Butter erhitzen und den Spargel im Wok braten. Mit der Chilisauce und den kleinen Paprikawürferln bräunen, salzen, eventuell etwas zuckern und mit Gelbem Muskateller ablöschen. Zugedeckt kurz weich dämpfen.

Anrichten: Mit dem Schinken und Verbena garnieren und anschließend heiß servieren.

Rezept für 4 Personen

PROFITIPP: Manfred Buchinger serviert auch gerne Waldviertler Einkornreis dazu.

Schwierigkeitsgrad: leicht
Zubereitungszeit: 20 Minuten

REINER GESCHMACK UND SONST NICHTS

In Wien wachsen nicht nur die Hochhäuser in den Himmel. Auch das **Wiener Gemüse** reckt seine genussvollen Früchtchen in die Höhe.

Einige überraschende Zahlen vorab: 16 Prozent, 50.000 Tonnen und 900 Betriebe. Wer hätte gedacht, dass rund ein Sechstel Wiens landwirtschaftliche Anbaufläche ist, auf der die sagenhafte Menge von 50.000 Tonnen Frischgemüse jährlich ihren Weg zu den Genießern findet? Alles in Allem könnte das Wiener Gemüse die Millionenstadt Wien mit genügend Gemüse versorgen. Wie vor einigen Hundert Jahren, als auf dem Naschmarkt und dem hohen Markt noch reges Marketendertum herrschte. Für den Gemüsebau relevante Bezirke gibt es heute drei: Simmering, Floridsdorf und Donaustadt. Dort werden kulinarische Köstlichkeiten wie Gurken, Tomaten, Paprika, Radieschen, Karfiol, Kohlrabi und Häuptelsalat angebaut und in denen stecken nichts als reiner Geschmack und volles Aroma. Denn das Wiener Gemüse ist freiwillig ohne Gentechnik und damit der Prototyp eines frischen, gesunden Genusses aus der Region.

www.genuss-region.at/wiener-gemuese

HOCH ÜBER DEN DÄCHERN DER STADT

Le Ciel – Grand Hotel
Kärntner Ring 9
A-1010 Wien
Tel.: +43 (0) 1/515 80 91 00
E-Mail: leciel@grandhotelwien.com
www.leciel.at

Unten tobt die Hektik der Großstadt, im 7. Stock des Grand Hotels Wien regiert das Savoir-vivre. Zwischen dem weißen Bösendorfer-Flügel und dekorativen Wandgemälden vollführt **Jacqueline Pfeiffer** im **Le Ciel** französische Küche mit dem gewissen Extra.

Zufälle gibt es keine. Deswegen war es mehr als schicksalhaft, dass gerade der ehemalige Küchenchef des Le Ciel das Talent der jungen Jacqueline Pfeiffer erkannte. Heute ist er F&B-Direktor der JJW-Gruppe in Österreich und das quirlige Mädchen von damals selbst Küchenchefin des renommierten Wiener Gourmetrestaurants. Siegfried Pucher lehrte sie die hohe Schule des Kochens, den letzten Schliff holte sich Jacqueline Pfeiffer in den international besten Häusern wie dem Adlon in Berlin oder der La Maison de Marc Veyrat in Annecy. Die Liebe zur französischen Küche hat sie bis heute nicht verloren und serviert geschmacklich ausgewogene Haute Cuisine. Ihre Philosophie: „Ich will meine Gäste verwöhnen, durch ausgefallene Kombinationen herausfordern und mit neuen, ausgetüftelten Ideen überraschen – das ist mein Hochgefühl." Wenn dem so ist, lassen wir uns auf diesen Höhenflug gerne ein.

Seezungenfilets

mit Erdäpfel-gelbe Paprika-Püree und gemischter Kresse

Seezunge

4 Seezungenfilets à 140 g
Salz, weißer Pfeffer

Basilikummarinade

¼ Bund Basilikum
125 ml Olivenöl

Erdäpfel-gelbe Paprika-Püree

3 Paprika, gelb
400 g Erdäpfel, mehlig
Milch
Butter
Salz, Pfeffer, Muskat
2 Tassen Kressemix

Garnitur

2 Paprika, rot
Kresse

Seezunge: Die Seezungenfilets zuputzen und danach in je vier Teile portionieren. Die Filets in einer Pfanne goldgelb braten und immer wieder mit dem eigenen Saft übergießen.

Basilikummarinade: Das Basilikum frittieren und im Backrohr trocknen. Mit dem Olivenöl für etwa 15 Minuten sehr fein mixen und einen Tag ziehen lassen. Anschließend durch ein Papier abhängen.

Erdäpfel-gelbe Paprika-Püree: Die Erdäpfel kochen, pressen und passieren. Anschließend mit Butter und etwas Milch zu einer glatten Masse rühren. Die gelben Paprika im Backrohr bei 160 °C für etwa 20 Minuten garen, schälen und entkernen. Das gelbe Fruchtfleisch feinstens pürieren und dem Erdäpfelpüree hinzufügen. Das Püree mit Butter montieren und mit Muskat, Salz und Pfeffer abschmecken. Zuletzt die Kresse klein schneiden und kurz vor dem Servieren unter das Püree mischen.

Garnitur: Die roten Paprika gemeinsam mit der gelben im Backrohr bei 160 °C für etwa 20 Minuten garen, schälen und entkernen. Nun den roten Paprika in gleichmäßige Streifen schneiden, so portionieren, dass jede Person 4 Streifen bekommt. Den Saft der Paprika unbedingt aufbewahren, er dient später als Sauce.

Anrichten: Je 4 der roten Paprikastreifen in gleichem Abstand in der Mitte des Tellers platzieren. Die geviertelten Seezungenfilets auf die Paprikastreifen schichten und links und rechts je eine Nocke des Erdäpfel-gelbe Paprika-Pürees anrichten. Nun mit der Basilikummarinade und dem Paprikafond nappieren und mit frischer Kresse dekorieren.

Rezept für 4 Personen

PROFITIPP: Anstatt des Basilikums können auch andere Kräuter zu einer Marinade verarbeitet werden.

Schwierigkeitsgrad: mittel
Zubereitungszeit: 1 Tag inklusive Ruhezeit

GARTENBAU
SATTLER

EINE TIEFEBENE VOLLER HOCHGENUSS

Florierender Gemüseanbau in der westlichsten Salzssteppe Europas? Klingt ungewöhnlich, schmeckt außergewöhnlich! Über das Geheimnis des Geschmacks des **Seewinkler Gemüses.**

Nur knappe 117 Meter über dem Meeresspiegel. Schwarze Steppenerde. Pannonisches Klima. Voller Geschmack und ungewöhnlicher Aromen. Das sind die genussvollen Eckdaten zum Seewinkler Gemüse, das in langer Tradition bereits seit mehr als 100 Jahren angebaut wird.

In der sonnenreichsten Gegend Österreichs gedeihen so durch die klimatischen Einflüsse des Neusiedler Sees und der warmen Salzböden mehr als 30 unterschiedliche Gemüsearten, die sich in Geschmack und Intensität kaum toppen lassen. Tomaten und Paprika, aber auch Radieschen, Jungzwiebeln und Salat – bereits als das Burgenland noch zu Ungarn zählte, wurden die Wiener Märkte mit dem unverkennbaren Gemüse beliefert. Heute sorgen rund 300 landwirtschaftliche Betriebe dafür, dass die einzigartigen Produkte der Pannonischen Tiefebene noch immer unter die Gourmets kommen.

www.genuss-region.at/seewinkler-gemuese

DER OFFIZIER DES PANNONISCHEN GESCHMACKS

Landgasthaus am Nyikospark
Untere Hauptstraße 59
A-7100 Neusiedl am See
Tel.: +43 (0) 21 67/402 22
E-Mail: landgasthaus@nyikospark.at
www.nyikospark.at

Der Haubenkoch **Sascha Huber** und Patron Fritz Tösch haben ihr Regiment fest im Griff: Im **Landgasthaus am Nyikospark**, einem ehemaligen Offizierskasino aus Kaisers Zeiten, werden pannonische Lebensfreude in höchster Qualität auf dem Teller und Opulenz im Glas zelebriert.

Dunkler Dielenboden, gestärktes weißes Leinen und ein Hauch Monarchie durchziehen das ehemalige Offizierskasino in Neusiedl am See. Historie und Avantgarde – gemischt zu einem anregenden Stilmix. Eine Philosophie, der sich auch Haubenkoch Sascha Huber, Schüler von Kochlegenden wie Werner Matt und Helmut Österreicher, verschrieben hat: Regionale Spezialitäten werden zu modernen Kompositionen, jedoch nicht zu verspielt, würde ja auch nicht zur Geschichte des Hauses passen. In die Gläser darf zudem auch nur die erste Garde der Weine. Fritz Tösch, seines Zeichens Patron des Landgasthauses am Nyikospark, wacht mit kritischem Auge über die mehr als 400 Positionen des Weinkellers. Der flüssigen Führungsriege des Landes wird gebührend Platz gegeben, schließlich weiß der Burgenländer, so wie Sascha Huber, welche Schätze aus pannonischem Boden gewonnen werden.

Knuspriges Filet vom Neusiedler-See-Zander

mit eingelegtem Seewinkler Gemüse und Lavendel-Polenta

Zander

4 Zanderfilets à 140 g
Salz, Pfeffer, Mehl, Öl, Butter, Thymian

Eingelegtes Seewinkler Gemüse

15 Schalotten, geschält
je 1 Paprika (grün, gelb, rot), in Rautenform geschnitten
1 Zucchini, in Scheiben geschnitten
6 EL Zucker
3 EL Wasser
1 EL Honig
125 ml Weißweinessig
500 ml Olivenöl
5 g Ingwer, frisch gerieben
Salz, Pfeffer, Wacholderbeeren, Lorbeerblätter, weiße Pfefferkörner

Lavendel-Polenta

125 ml Wasser
125 ml Milch
2 g Lavendelblüten
50 g Polentagrieß
20 g Parmesan
20 g Butter
120 g verschiedene Wildkräuter und Salate
Salz, Pfeffer

Zanderfilet: Die Zanderfilets salzen und pfeffern, mehlieren und auf der Hautseite bei mittlerer Hitze in Olivenöl knusprig braten. Wenn der Fisch noch leicht glasig ist, Butter und Thymianzweig zugeben.

Eingelegtes Seewinkler Gemüse: Zucker und Wasser etwas einkochen, Schalotten dazugeben, kurz glacieren und Honig beifügen. Mit Weißweinessig ablöschen, mit dem Olivenöl aufgießen und sämtliche Gewürze zugeben. Die glacierten Schalotten weich pochieren, die Paprikarauten beifügen und einmal aufkochen. Zuletzt Zucchini hinzugeben und die Mischung beiseite stellen. Mit Salz und Pfeffer abschmecken.

Lavendel-Polenta: Milch, Wasser und Lavendelblüten aufkochen und fünf Minuten ziehen lassen. Anschließend die Lavendelblüten mithilfe eines Siebs entfernen. Den Lavendel-Fond nochmals aufkochen, Polentagrieß einrieseln lassen und bei mittlerer Hitze fünf Minuten einkochen. Mit Salz, Pfeffer und Parmesan abschmecken, danach mit Butter montieren.

Anrichten: Das eingelegte Seewinkler Gemüse auf dem Teller verteilen, Lavendel-Polenta in die Mitte setzen und mit den Salaten, Blüten und Wildkräutern garnieren. Zuletzt das Zanderfilet darauf platzieren.

Rezept für 4 Personen

PROFITIPP: Für einen mediterranen Touch kann man dieses Gericht zusätzlich mit Pesto und einer Balsamico-Reduktion dekorieren.

Schwierigkeitsgrad: leicht
Zubereitungszeit: 40 Minuten

GeNuss
in Schol
GENUSS
REGION
GeNuss

HARTE SCHALE, GE-NUSS-VOLLER KERN

Vom Brotbaum zur Trendfrucht: Warum die **Mittelburgenländischen Kaesten und Nuss** wie der Blaufränkische nicht mehr aus dem Burgenland wegzudenken ist.

Man sagt: „Wer einen Nussbaum hat, der ist reich.“ Wenn man bedenkt, wie viele Kastanien- und Nussbäume die sanft hügelige Landschaft des Mittelburgenlands säumen, so muss man unweigerlich denken, hier sei die Schatzkammer Österreichs. Abgeschirmt im Norden vom Ödenburger Gebirge, im Westen von der Buckligen Welt und im Süden vom Günser Bergland, gedeihen die Nüsse und Kastanien hier zu voller Pracht. Und zu wahren Powerkugeln: Als Energiespender für Körper und Geist enthalten sie die Vitamine A, B und E, sind reich an Mineralien und wichtigen Spurenelementen. Doch bevor es so weit ist, müssen die Bäume mindestens 20 Jahre alt werden, dann aber tragen sie bis zu 25 Kilogramm pro Jahr. Gut, dass bereits Karl der Große anordnete, Nussbäume südlich der Alpen zu pflanzen. Heute finden sich in nahezu allen Gärten einige der wunderbaren Nuss- und Kastanienbäume. Ist ja auch ein Kleinod mit Aha-Faktor.

www.genuss-region.at/mittelburgenlaendische-kaesten-und-nuss

DER PFAU IM TAUBENKOBEL

Restaurant Taubenkobel
Relais & Châteaux
Hauptstraße 33
A-7081 Schützen
Tel.: +43 (0) 26 84/22 97-0
E-Mail: restaurant@taubenkobel.at
www.taubenkobel.at

Kompromisslos, kreativ und leidenschaftlich. So kocht Autodidakt **Walter Eselböck** in seinem **Restaurant Taubenkobel**. Und katapultierte sich damit an die Spitze der Kritikerlisten und auf die Gaumen der Gourmets.

Eigentlich heißt es ja: „Besser den Spatz in der Hand als die Taube auf dem Dach.“ Doch wer Walter Eselböck kennt, der weiß, dass er sich damit nicht zufriedengeben würde. Also hat er sich gleich zu den Tauben ins Nest gesetzt. Und dort, im Restaurant Taubenkobel im beschaulichen Örtchen Schützen, residiert der gebürtige Wiener nun seit 26 Jahren. Und regiert die Bestenlisten des Landes. Begonnen als ehrgeiziger Schüler ohne Kochausbildung, schaffte Walter Eselböck nach nur sechs Jahren intensiven Lernens bei Alfons Schuhbeck, Dieter Müller und Ferran Adrià von Gault Millau zum „Koch des Jahres“ gekrönt zu werden.
Heute hält er vier Hauben und die Kochszene in Atem. Seine Küche definiert der Promikoch so: Weltoffen, aber mit der Heimat im Herzen. Vorzugsweise mit regionalen Produkten und immer mit viel Phantasie und Kreativität.

Krebs – Gurke – Kastanie

von der Mittelburgenländischen Kaesten und Nuss

Flusskrebse
6 Flusskrebse
Wurzelgemüse, Koriandersaat, Kümmel, Salz, Weißwein

Mayonnaise
1 Ei, Orangen-, Zitronen- & Olivenöl, à 50 ml, Salz, Pfeffer, Senf, weißer Balsamico

Kalbskopfwürfel mit Madeiragelee
1 Kalbskopf, Mirepoix, Wacholderbeeren, Lorbeerblätter, Salz, Koriander, Liebstöckel, Basilikum, Zitronenschale, 15 Blatt Gelatine
150 ml Madeira, 1½ g Agar-Agar

Gurkengranité & Gurkengelee
1 Gurke, 6 Basilikumblätter, 1 Schuss weißer Balsamico, Limonen- & Zitronenöl, à 50 ml
250 ml einer entsafteten Gurke, 2½ g Agar-Agar, Gurkenessig, Salz

Kastanien-Flusskrebs-Suppe
Krebskarkassen, getrocknet
Röstgemüse
Saft und Zesten einer Orange
200 ml Fischfond
100 ml Geflügelfond
Tomaten- & Kastanienpüree à 50 g
500 ml Schlagobers
Pfefferkörner, Sternanis, Knoblauch, Koriander, Wacholderbeeren, Thymian, Rosmarin
Cognac, Weißwein, Pernod, Nolly Prad

Flusskrebse: Für den Fond alle Zutaten in einem Topf mit etwas Wasser zum Kochen bringen, die Krebse für 1 Minute und 40 Sekunden zugeben und in Eiswasser abschrecken. Die Schwänze und Scheren ausbrechen und kalt stellen. Die Krebsschalen auswaschen und im Ofen bei 130 °C für etwa 15 Minuten trocknen. Für die Mayonnaise alle Zutaten vermengen.

Kalbskopfwürfel mit Madeiragelee: Mirepoix, Wacholder, Lorbeerblätter und Salz in einem Topf mit Wasser zum Kochen bringen. Den Kalbskopf einlegen und weich kochen, danach im Fond auskühlen lassen. Von dem Fond 1 l beiseite stellen, den Kopf in Würfel schneiden und im bereitgestellten Fond aufwärmen. Mit den gehackten Kräutern und der Zitronenschale abschmecken. Die eingeweichte Gelatine einrühren, in Formen pressen und kalt stellen. Den Madeira aufkochen, den Agar-Agar zugeben und nochmals kochen lassen und dünn auf einem Blech ausgießen.

Gurkengranité & Gurkengelee: Für das Granité die Gurke und das Basilikum entsaften, mit den restlichen Zutaten abschmecken und durch ein Passiertuch pressen. Alles auf einem Blech ausstreichen, einfrieren und mit einer Gabel aufkratzen.
Für das Gelee den Gurkensaft erwärmen und mit Essig und Salz abschmecken. Ein Drittel des Saftes aufkochen, den Agar-Agar einrühren, nochmals aufkochen und etwa 1,5 mm dick auf Bleche ausgießen.

Kastanien-Flusskrebs-Suppe: Die getrockneten Karkasen zerstoßen und in einem Topf mit dem Gemüse scharf anrösten. Das Tomaten- und Kastanienpüree, die Orangenzesten, Kräuter und Gewürze beigeben und mit dem Alkohol ablöschen. Mit den Fonds aufgießen und 1 Stunde sieden lassen. Danach passieren und mit dem Orangensaft und 350 ml Schlagobers für etwa 20 Minuten köcheln lassen. Zum Schluss mit Butter und dem restlichen geschlagenen Obers montieren.

Anrichten: Das Gurkengelee quadratisch schneiden, auf dem Teller platzieren und das Granité in der Mitte verteilen. Die durch die Mayonnaise gezogenen Krebsschwänze daraufsetzen. Aus dem Kalbskopf und dem Mandeiragelee 1 cm große Würfel schneiden, stapeln und auf dem Teller verteilen, mit einer Flusskrebsschere garnieren. Die Kastanien-Flusskrebs-Suppe schaumig mixen und in einem Kelch anrichten. Wahlweise mit Orangen- und Grapefruitfilets sowie Basilikumstreifen reichen.

Rezept für 4 Personen

PROFITIPP: Damit das Granité stabiler bleibt, kann man es mit Gelatine versetzen. Walter Eselböck empfiehlt auf 500 ml Gurkensaft 5 Blatt Gelatine.

Schwierigkeitsgrad: schwierig
Zubereitungszeit: 1 Tag inklusive Ruhezeit

SCHWARZ WIE DAS MOOR

Der **Zickentaler Moorochse** ist Herrscher über das größte Niedermoor des pannonischen Raumes. Und spielt dabei in einer eigenen Königsklasse, wenn es um seinen Geschmack geht!

Das Niedermoor bebt, wenn sich die Herde aus Galloway- und Angusrindern in Bewegung setzt. Als Zickentaler Moorochsen bekannt, sind diese Tiere Sinnbild für den nachhaltigen Schutz des Auwiesen-Zickenbachtals und Garant für erstklassige Fleischqualität. Auf 100 Hektar finden dort die schwarzen Kraftprotze auf den naturbelassenen Wiesen seltene Kräuter, die den Geschmack ihres Fleisches verfeinern. Ab dem sechsten Lebensmonat auf den ungedüngten Weiden des Moores unterwegs, vergehen bis zur Genussreife 24 Monate. Diese optimale Fleischreifung bringt den hervorragenden Geschmack, die Saftigkeit und Zartheit des Ochsenfleisches hervor. Dann schließlich begeistert zusätzlich die Optik der im Moorgebiet aufgewachsenen Ochsen die Gourmets: Kurzfasrig und mit zarter, reinweißer Marmorierung sowie mit einer gleichmäßigen, reinweißen Fettabdeckung lässt es keine Wünsche offen.

www.genuss-region.at/zickentaler-moorochse

GUT, PUR & VOLLER GESCHMACK

Gut Purbach
Hauptgasse 64
A-7083 Purbach am See
Tel.: +43 (0) 26 83/560 86
E-Mail: gutpurbach@aon.at
www.gutpurbach.at

Der Name ist Programm: **Gut Purbach**. Denn alles, was Patron und Chef de Cuisine **Max Stiegl** auftischt, ist pure Geschmacksexplosion. Und damit es für die Sinne nicht zu viel wird, gibt es als Kontrastprogramm Interieur-Purismus aus dem 16. Jahrhundert.

Er ist der Jungstar der österreichischen High-Class-Küche, 2002 war er der jüngste Sternekoch, 2010 ist er in den Bestenlisten nicht mehr wegzudenken. Er, das ist Max Stiegl, gebürtiger Slowene, überzeugter Burgenländer und Revoluzzer der Bodenständigkeit. Seine Gerichte sind immer lässig, klar und innovativ. Seiner Vorliebe für Innereien gibt er in eigenen Menüs freien Lauf und stellt sich dabei als experimentierfreudiger Kenner sämtlicher Tierteile vor. Die eigentliche Karte ist ein fein gezeichnetes Stimmungsbild der pannonischen Genuss-Landschaft: Regionale und saisonale Zutaten verbindet der 30-Jährige zu einer puristischen Ode auf dem Teller, die sich am Gaumen zu einer Arie entfaltet. Seit 2007 ist sein Reich ein Vierkanthof aus dem 16. Jahrhundert an der alten Römerstraße in Purbach. Unprätentiös, aber mit viel Charme – wie der Patron selbst.

Purbacher Rostbraten vom Zickentaler Moorochsen

mit Krenpüree und Steinpilzen

Rostbraten

700 g Beiried vom Zickentaler Moorochsen, zugeputzt
20 g Dijonsenf
Olivenöl

Krenpüree

1 kg mehlige Erdäpfel
250 ml Milch
3 EL Butter
1 Handvoll Kren, gerieben
Salz, weißer Pfeffer

Steinpilze

400 g Steinpilze
250 ml Rindsuppe
1 Schalotte, geschnitten
1 EL Schlagobers

Rostbraten: Das Beiried in acht gleich große Scheiben schneiden und mit dem Dijonsenf auf beiden Seiten einmassieren. Die Scheiben in Olivenöl beidseitig anbraten, aus der Pfanne nehmen und ruhen lassen.

Krenpüree: Die mehligen Kartoffeln schälen, vierteln und weich garen. Gegen Ende der Kochzeit der Erdäpfel die Milch aufstellen und diese salzen und pfeffern. Sind die Erdäpfel weich genug, pressen und die kochende Milch beigeben. Unter ständigem Rühren Butter und den geriebenen Kren einmengen.

Steinpilze: Die Steinpilze in der Pfanne anrösten, in der der Rostbraten angebraten wurde. Die geschnittene Schalotte beigeben, durchschwenken und mit der Rindsuppe ablöschen. Die Mischung kurz reduzieren lassen.

Den Rostbraten wieder in die Pfanne geben und den Fond mit dem Schlagobers vollenden. Falls notwenig, etwas salzen und pfeffern.

Anrichten: Die Steinpilze in die Mitte des Tellers geben und die Beiried-schnitten darauf platzieren. Das Krenpüree daneben anrichten und beides mit etwas Fond übergießen.

Rezept für 4 Personen

PROFITIPP: Um den Purbacher Rostbraten zu verfeinern, dünn geschnittene Zwiebelringe kross braten und gemeinsam mit Basilikum als Türmchen auf dem Fleisch anrichten.

Schwierigkeitsgrad: mittel
Zubereitungszeit: 1¼ Stunden

GRAZ – GENUSS HAUPTSTADT MIT BESONDEREM FLAIR

Die steirische Landeshauptstadt zelebriert den Genuss auf eine **einzigartige Weise**: In keiner anderen Stadt Österreichs setzen so viele Köche auf die Produkte der GENUSS REGION ÖSTERREICH wie hier.

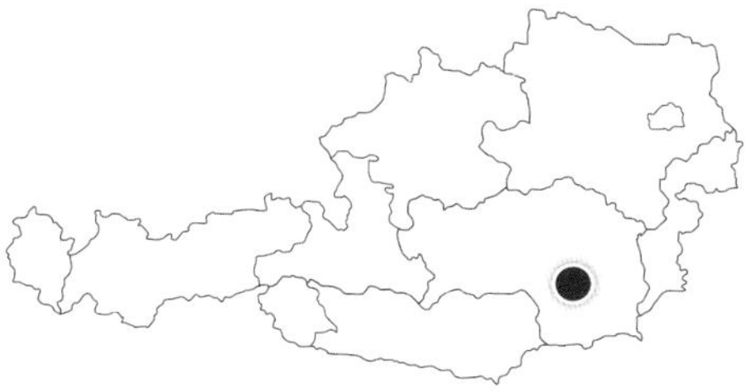

Unverwechselbare Kulturlandschaften und die darin produzierten Spezialitäten zählen zweifellos zu den herausragendsten Eigenschaften Österreichs. Und wenn man so will, bildet Graz den kulinarischen Schmelztiegel der GENUSS REGION ÖSTERREICH. In keiner anderen Stadt locken so viele Spitzenköche mit fantastischen Gerichten, die geradezu strotzen vor den Top-Produkten, die die Steiermark zu bieten hat. Von der zum Weltkulturerbe zählenden, wunderschönen Grazer Altstadt bis hin zu den Bauernmärkten, die der Stadt an der Mur einen charmanten ländlichen Touch verleihen – die kulinarischen Stadtrundgänge zählen längst zu den genussvollen Highlights jedes Graz-Besuchs und entführen ihre Teilnehmer auf eine Entdeckungsreise vom besten Wein bis hin zum Steirischen Kürbiskernöl oder den regional typischen Fleischspezialitäten wie dem Weizer Berglamm. Diese Stadt muss man sich auf der Zunge zergehen lassen!

www.graztourismus.at

Ausblicke: In Graz treffen sich Kultur und Kulinarik. Den besten Blick auf die zum Weltkulturerbe zählende Grazer Altstadt genießt man vom Schloßberg aus (links die Skybar des Schlossberg Restaurants). Die Gastronomie verführt mit Spezialitäten aus der GENUSS REGION ÖSTERREICH. Eine wirklich geschmackvolle Symbiose, die in Österreich ihresgleichen sucht.

Dolce Vita in Graz: Der Franziskanerplatz gilt als einer der pulsierendsten und romantischsten Orte der Stadt.

Pure Natur mitten in der Stadt: Der Grazer Schloßberg zählt auch bei den Einheimischen zu den beliebtesten Ausflugszielen.

DIE PLÄTZE DES BESTEN GENUSSES

Vom GourmetReise-Festival, das alljährlich in der Woche um Fronleichnam stattfindet und die spektakulärsten Köche der Welt nach Graz lotst, über die „Lange Tafel", die den Genuss mitten auf den Grazer Hauptplatz bringt, bis hin zu den zahlreichen Spitzenköchen und Wirten, die sich darauf konzentrieren, die Top-Produkte der GENUSS REGION ÖSTERREICH kreativ auf die Teller zu bringen: Graz ist die unumstrittene Genuss Hauptstadt.

www.genusshauptstadt.at

GENUSS
REGION
Steiermark

Schnappschüsse

DIE LUSTIGSTEN SEITEN DES GENUSSES

Schnell abgedrückt und schon bannt Fotograf Werner Krug den Moment auf Zelluloid. Und dass es bei den insgesamt 88 Shootings zu Genuss.Reise.Österreich nicht immer bierernst zugegangen ist, versteht sich von selbst. Sogar beim großen Food-Shooting im Kochstudio im Relais & Châteaux Hanner blieb Zeit für Erinnerungsfotos von Foodstylist Franz Karner und seiner rechten und linken Hand Sebastian und Thomas.

Genuss-Stationen

ADRESSEN ALLER RESTAURANTS

VORARLBERG

Gourmethotel Deuring Schlössle
Ehre-Guta-Platz 4
A-6900 Bregenz
Tel.: +43 (0) 55 74/478 00
E-Mail: rezeption@deuring-schloessle.at
www.deuring-schloessle.at

TIROL

Interalpen-Hotel Tyrol
Dr.-Hans-Liebherr-Alpenstraße 1
A-6410 Telfs-Buchen/Seefeld
Tel.: +43 (0) 508 09-30
E-Mail: reservation@interalpen.com
www.interalpen.com

Genießerwirtshaus & Kulinarik Hotel Alpin
A-6215 Achenkirch 35
Tel.: +43 (0) 52 46/68 00
E-Mail: hotel@geniesserwirtshaus-alpin.at
www.geniesserwirtshaus-alpin.at

SALZBURG

Landgasthof Allerberger
Doktorstraße 1
A-5071 Wals-Siezenheim
Tel.: +43 (0) 662/85 02 70
E-Mail: landgasthof@allerberger.com
www.allerberger.com

Landgasthof Holznerwirt
Dorf 4, A-5301 Eugendorf
Tel.: +43 (0) 62 25/82 05
E-Mail: hotel@holznerwirt.at
www.holznerwirt.at

Gasthof Hohlwegwirt
Salzburger Straße 84
A-5400 Hallein-Taxach
Tel.: +43 (0) 62 45/842 15-0
E-Mail: gasthof@hohlwegwirt.at
www.hohlwegwirt.at

Döllerer's Genusswelten
Genießerhotel – Genießerrestaurant – Wirtshaus
Am Marktplatz 56, A-5440 Golling
Tel.: +43 (0) 62 44/42 20-0
E-Mail: office@doellerer.at
www.doellerer.at

Meilinger Taverne
Am Stadtplatz 10, A-5730 Mittersill
Tel.: +43 (0) 65 62/42 26
E-Mail: essen@meilinger-taverne.at
www.meilinger-taverne.at

OBERÖSTERREICH

Waldschänke
Kickendorf 15, A-4710 Grieskirchen
Tel.: +43 (0) 72 48/623 08
E-Mail: waldschaenke@utanet.at
www.waldschaenke.at

Schlosshotel Freisitz Roith
Traunsteinstraße 87, A-4810 Gmunden
Tel.: +43 (0) 76 12/649 05
E-Mail: info@freisitzroith.at
www.freisitzroith.at

Verdi – Restaurant & Einkehr
Pachmayrstraße 137, A-4040 Linz
Tel.: +43 (0) 732/73 30 05
E-Mail: lukas@verdi.at
www.verdi.at

Landhotel Forsthof
Neustraße 29, A-4522 Sierning
Tel.: +43 (0) 72 59/23 19-0
E-Mail: office@forsthof.at
www.forsthof.at

KÄRNTEN

Thermenhotel Ronacher
Thermenstraße 3, A-9546 Bad Kleinkirchheim
Tel.: +43 (0) 42 40/282
E-Mail: thermenhotel@ronacher.com
www.ronacher.com

Hotel Restaurant Prechtlhof
Familie Kraßnitzer
Schobitzstraße 1, A-9330 Althofen
Tel.: +43 (0) 42 62/26 14
E-Mail: hotel@prechtlhof.com
www.prechtlhof.com

Brunnwirt Kassl
Hotel | Restaurant | Catering
Unterer Markt 2, A-9334 Guttaring
Tel.: +43 (0) 42 62/81 25
E-Mail: brunnwirtkassl@aon.at
www.kassl-brunnwirt.at

Landgasthof Loigge
Hauptstraße 19
A-9470 St. Paul im Lavanttal
Tel.: +43 (0) 43 57/20 56
E-Mail: office@loigge.net
www.loigge.net

Restaurant Pavillon
Seecorso 8, A-9220 Velden
Tel.: +43 (0) 42 74/511 09
E-Mail: stefan@sternad-velden.at
www.sternad-velden.at

Hotel & Spa Bleibergerhof
Drei Lärchen 150
A-9530 Bad Bleiberg ob Villach
Tel.: +43 (0) 42 44/22 05
E-Mail: bleibergerhof@falkensteiner.com
www.falkensteiner.com

Landgasthof Pucher
Tomasin & Partner KG
Völkermarkterstraße 8
A-9141 Eberndorf
Tel.: +43 (0) 42 36/22 84
E-Mail: info@landgasthof-pucher.at
www.landgasthof-pucher.at

Restaurant Bachler
Silberegger Straße 1, A-9330 Althofen
Tel.: +43 (0) 42 62/38 35
E-Mail: restaurant@bachler.co.at
www.bachler.co.at

STEIERMARK

Wirtshaus am Pogusch
Pogusch 21, A-8625 Turnau
Tel.: +43 (0) 38 63/20 00
E-Mail: pogusch@steirereck.at
www.steirereck.at

Retter Seminar Hotel
Oberneuberg 88, A-8225 Pöllau
Tel.: +43 (0) 33 35/26 90
E-Mail: hotel@retter.at
www.retter.at

Restaurant Carl
Opernring 5a, A-8010 Graz
Tel.: +43 (0) 316/82 48 48
E-Mail: info@carl-restaurant.at
www.carl-restaurant.at

Zum Forsthaus
A-8654 Fischbach 2
Tel.: +43 (0) 31 70/201
E-Mail: office.forsthaus@utanet.at
www.forsthaus.co.at

Lercher's Panorama
Schwarzenbergstraße 10
A-8850 Murau
Tel.: +43 (0) 35 32/24 31
E-Mail: hotel.lercher@murau.at
www.lercher.com

Edler's Landhaus Oswald
Unterbergla 15
A-8522 Groß St. Florian
Tel.: +43 (0) 34 64/22 70
E-Mail: office@landhaus-oswald.at
www.landhaus-oswald.at

Abels Wirtshaus am Käsehof
Fötschach 9
A-8463 Glanz an der Weinstraße
Tel.: +43 (0) 34 54/63 84
E-Mail: info@kaesehof-abel.at
www.kaesehof-abel.at

Café Sacher Graz
Herrengasse 6, A-8010 Graz
Tel.: +43 (0) 316/80 05
E-Mail: graz@sacher.com
www.sacher.com

Weingartenhotel Harkamp
Flamberg 46, A-8505 St. Nikolai i. S.
Tel.: +43 (0) 31 85/22 80
E-Mail: office@weingartenhotel.at
www.harkamp.at

NIEDERÖSTERREICH

Relais & Châteaux Mörwald „Kloster Und"
Undstraße 6, A-3500 Krems
Tel.: +43 (0) 27 32/704 93
E-Mail: und@moerwald.at
www.moerwald.at

Wagner's Wirtshaus
Gschmeidlerstraße 32, A-2020 Hollabrunn
Tel.: +43 (0) 676/308 65 36
E-Mail: catering@diewagners.at
www.diewagners.at

Gourmetrestaurant Toni M.
Kleine Zeile 13–17, A-3483 Feuersbrunn
Tel.: +43 (0) 676/84 22 98 81
E-Mail: toni@moerwald.at
www.moerwald.at

Bittermann Vinarium
Abt-Bruno-Heinrich-Platz 1, A-2464 Göttlesbrunn
Tel.: +43 (0) 21 62 / 811 55
E-Mail: info@bittermann-vinarium.at
www.bittermann-vinarium.at

Hotel Schloß Dürnstein
A-3601 Dürnstein 2
Tel.: +43 (0) 27 11/212
E-Mail: hotel@schloss.at
www.schloss.at

Relais & Châteaux Hanner
Restaurant . Hotel . Meetingpoint
A-2534 Mayerling 1
Tel.: +43 (0) 22 58/23 78
E-Mail: hanner@hanner.cc
www.hanner.cc

Landhaus Bacher
Südtirolerplatz 2, A-3515 Mautern
Tel.: +43 (0) 27 32/829 37
E-Mail: info@landhaus-bacher.at
www.landhaus-bacher.at

Rosenbauchs
Restaurant • Vinothek • Wirtshaus
Rechte Bahnzeile 9, A-2483 Ebreichsdorf
Tel.: +43 (0) 22 54/723 38
E-Mail: office@rosenbauchs.at
www.rosenbauchs.at

Gasthof Gnedt
A-3195 Kernhof 2
Tel.: +43 (0) 27 68/25 35
E-Mail: gasthof@gnedt.at
www.gnedt.at

Post Hönigwirt
Günser Straße 2
A-2860 Kirchschlag in der Buckligen Welt
Tel.: +43 (0) 26 46/22 16
E-Mail: hotel.post.hoenig@aon.at
www.hotel-post-hoenig.at

Buchingers Gasthaus „Zur Alten Schule"
Wolkersdorfer Straße 6
A-2122 Riedenthal ob Wolkersdorf
Tel.: +43 (0) 22 45/825 00
E-Mail: manfred@buchingers.at
www.buchingers.at

WIEN

Le Ciel – Grand Hotel
Kärntner Ring 9, A-1010 Wien
Tel.: +43 (0) 1/515 80 91 00
E-Mail: leciel@grandhotelwien.com
www.leciel.at

BURGENLAND

Landgasthaus am Nyikospark
Untere Hauptstraße 59, A-7100 Neusiedl am See
Tel.: +43 (0) 21 67/402 22
E-Mail: landgasthaus@nyikospark.at
www.nyikospark.at

Restaurant Taubenkobel
Relais & Châteaux
Hauptstraße 33, A-7081 Schützen
Tel.: +43 (0) 26 84/22 97-0
E-Mail: restaurant@taubenkobel.at
www.taubenkobel.at

Gut Purbach
Hauptgasse 64 , A-7083 Purbach am See
Tel.: +43 (0) 26 83/560 86
E-Mail: gutpurbach@aon.at
www.gutpurbach.at

IMPRESSUM
Eine Produktion der „Edition GourmetReise" des M.V. Verlages (www.mvmedien.eu) im Auftrag des Dachverbandes GENUSS REGION ÖSTERREICH, Mooslackengasse 17, A-1190 Wien,
Tel.: 0043.1.403 40 34.0, office@gr-verein.at, www.gr-verein.at

Autorin: Mag. Katharina Wolschner
Art-Direktorin: Andrea Hösch
Fotografie: grm marketing/Werner Krug, www.derkrug.at
Weitere Fotos im Innenteil: Schlosshotel Freisitz Roith, Graz Tourismus/Harry Schiffer,
Graz Tourismus/Hans Wiesenhofer
Idee & Konzeption: Silvana Zettinig
Projektmanagement/Verantwortlich für den Inhalt: Margareta Reichsthaler
Druck: Niederösterreichisches Pressehaus
printed in Austria
ISBN 978-3-9501901-7-5
www.gr-verein.at

Genuss Region Österreich